CW01360027

Pocket ZEN

BRUNO PACHECO

100 HISTÓRIAS BUDISTAS PARA MEDITAR

Prefácio de Hermógenes

Rio de Janeiro
2004

CIP-Brasil. Catalogação-na-fonte
Sindicato Nacional dos Editores de Livros, RJ.

Pacheco, Bruno
P117p Pocket zen: 100 histórias budistas para meditar / Bruno Pacheco; prefácio de Hermógenes. – Rio de Janeiro: Record: Nova Era, 2004.

ISBN 85-01-06593-5

1. Zen-budismo. 2. Literatura zen. I. Título.

04-0042 CDD – 294.32
CDU – 294.3

Projeto gráfico de capa e miolo: Valéria Teixeira

Direitos exclusivos desta edição reservados pela
DISTRIBUIDORA RECORD DE SERVIÇOS DE IMPRENSA S.A.
Rua Argentina 171 – Rio de Janeiro, RJ – 20921-380 – Tel.: 2585-2000

Impresso no Brasil

ISBN 85-01-06593-5

PEDIDOS PELO REEMBOLSO POSTAL
Caixa Postal 23.052
Rio de Janeiro, RJ – 20922-970

Para Ernani Barroso,
meu avô e mestre.

Prefácio

O fulgor da Luz, se não estivesse escondido pela densa opacidade do véu que a treva tece, agrediria, ofuscaria e mesmo cegaria olhos despreparados.

Não é um livro comum. É uma cornucópia de histórias, episódios, diálogos e vivências, de *preciosos absurdos*, *audaciosos disparates*, *asneiras pitorescas*, *iluminantes des-velações humorísticas* que chocam o bom senso, que debocham da sisudez da velha razão, que agridem a austera respeitabilidade da lógica, que rasgam os opacos toldos que bloqueiam a luz... Mas, segundo os mestres Zen, essa é a mais apropriada didática que viabiliza a iluminação.

A linguagem filosófica, racional e erudita é inábil para comunicar conceitos e vivências transcendentes.

Os mestres sentem, falam e se comportam com o mais ousado descrédito e desrespeito ao método racional de falar e agir. Desdenham de juízos e raciocínios elaborados, não levam em conta teóricos e teólogos. No entanto, é assim que conseguem desvendar olhos ainda despreparados para o fulgor libertário do satori ou Kenshô, que não se trata absolutamente de um conhecimento ou de uma descoberta no sentido filosófico do termo, pois que não existe nenhuma diferença entre o sujeito que descobre e o objeto que vem a ser descoberto na libertadora experiência da iluminação.

Por mais que eu continue tentando explicar o livro e seu precioso conteúdo, não alcançarei ser bastante claro, preciso e eficaz a ponto de você decidir: vou ler, estudar e experienciar essas páginas; vou meditar e despertar minha consciência. É aconselhável que o autor explique.

Vou ficando por aqui, agradecendo a Bruno Pacheco o esforço benfazejo de respigar da farta literatura zen, e produzir essa sedutora antologia de 100 histórias budistas, com a nobre intenção de nos levar a meditar e despertar.

Como antes avisei, são histórias nada lógicas, compreensíveis, certinhas, conforme a moda recomenda... São, repito, absurdas. Mas por serem absurdas têm o condão de despertar os surdos, que somos nós todos que ainda não alcançamos a iluminação.

A todos os leitores desejo um libertador satori.

Hermógenes
Escritor e conferencista
www.profhermogenes.com.br

Apresentação

primeira vez que ouvi o termo *zen* foi na música de Caetano Veloso ("... meu bem, meu zen, meu mal"). Depois, como a maioria das pessoas, ouvia e me referia ao *zen* como um estado de ser: calmo. Eu sempre escuto as pessoas dizendo que fulano é *zen*. Quando alguém diz que fulano é *zen*, quer dizer que o cara é calmo, paciente, tranqüilo — o que não deixa de estar certo. A imagem que a maioria das pessoas tem do Zen é justamente essa. Ser *zen* é ser calmo.

A minha relação com o Zen passa intimamente pela relação que tenho com meu avô. Por uma questão familiar que não vale a pena explicar, posso dizer que só fui conhecer de fato meu avô aos dezoito anos. A imagem que tinha dele era a de um velho bruxo. E calmo, um cara calmo. Depois fui descobrir que, na verdade, ele é um velho zen-budista com anos e anos de meditação e vivência do Zen. Dessa forma, meu interesse pelo Zen passou pelo interesse em conhecer meu avô. Era uma maneira de nos comunicarmos, um motivo para conversa. Eu ia pegando livros na estante, outros ele me indicava para comprar ou me dava de presente e, assim, sempre tínhamos conversa em nossos encontros. O Zen foi entrando na minha vida como um conhecimento adquirido pela leitura. Meu interesse pelo assunto aumentava, e eu lia cada vez mais livros. Com a meditação, que meu avô me ensinou, o Zen se tornou prática na minha vida. E lá se vão dez anos de prática. E o resultado disso é que hoje sou um cara mais calmo. Muitas vezes já ouvi as pessoas dizendo que sou calmo; às vezes dizem, que sou *superzen*. Acho engraçado. Eu não me imaginava um cara calmo há dez anos. Quando lia os diálogos entre mestres e discípulos que estão espalhados em diversos livros sobre o Zen, ficava imaginando esse estado de ser. E a coisa foi acontecendo naturalmente com o passar do tempo e com a prática da meditação. De carnívoro passei a vegetariano, de ansioso passei a ser mais tranqüilo. E há ainda outros pequenos detalhes na minha forma de ser que me fazem dizer que o zen é o meu caminho. "Há o caminho, mas ninguém para percorrê-lo." Famoso koan* ou enigma que os mestres zen-budistas passavam a seus discípulos e que nunca será compreendido pela lógica e, talvez, nem com uma vida inteira de meditação.

Nesses dez anos de caminho, adquiri a mania de colecionar fábulas, histórias, contos e diálogos entre mestres e discípulos — muitos sem publicação em português. Algumas histórias encontrei em livros, outras ouvi de meu avô, de monges e de amigos de meditação. Elas são engraçadas, filosóficas, curiosas, há também as absurdas e ilógicas, mas passam de uma forma simples o que é o Zen.

Por isso resolvi contar essas histórias: para que o iniciado no Zen possa ter uma coletânea delas para ler e reler. E, para aqueles que ainda não conhecem o Zen, será um primeiro contato simples e divertido, sem grandes teorias. Aliás, elas representam a essência do Zen, sem que se precise de grandes teorias. Isto porque o Zen não é religião, não é filosofia e, muito menos, um dogma. O Zen é um estado de espírito, uma maneira de

---

**Koan: enigma dado por um mestre a seu discípulo. Deve ser resolvido por meio da meditação sem a utilização da lógica e do pensamento. A resposta deve surgir do interior e, com ela, o discípulo atinge a iluminação.*

viver. E as histórias falam disso. O Zen é aqui e agora, é o simples, o espontâneo. O Zen está no cotidiano. O Zen é a própria vida.

Passei cinco anos pesquisando e escrevendo essas histórias. Perdi tudo por causa de vírus no computador e comecei novamente. Perdi algumas, encontrei outras. Tudo sem a menor preocupação em colocá-las num livro. Sem objetivo. Simplesmente organizava e escrevia. Como um *hobby*.

Até que, um dia, entrei numa livraria e perguntei se poderia fazer a leitura de umas fábulas zen-budistas para o público. A gerente da livraria disse que sim. Marcamos uma data e eu convidei alguns amigos. Não apareceu quase ninguém que eu tinha convidado. Mas, para minha surpresa, apareceu um monte de gente que eu não conhecia e que foi até ali simplesmente por causa de um cartaz na vitrine da livraria, indicando a data e a hora da leitura. Gente que de alguma forma sentiu curiosidade pelo Zen. Selecionei umas vinte ou trinta histórias e foi uma noite muito agradável. Depois da leitura, as pessoas me perguntaram se poderiam comprar o livro, o que foi uma surpresa para mim.

Daí a idéia do livro. Passei mais dois anos organizando toda a bagunça dessa pesquisa para poder apresentá-la em forma de livro. Sem pressa, mas agora com um objetivo. Pode-se dizer que foi um caminho bem *zen* para escrever este livro.

Por isso, leia com calma.

Bruno Pacheco

Breve histórico do Zen

A palavra zen, de origem sânscrita, significa meditação. Mas zen pode ser também interpretado como "ir além do pensamento".

Algumas Palavras

O Budismo é hoje uma religião conhecida em todo o mundo, com cada vez mais adeptos no Ocidente. Isso se deve provavelmente ao seu caráter humanista, mas também à prática da meditação, que se difunde por meio do yoga, das massagens e de todas as práticas milenares do Oriente que ganham cada dia mais adeptos no mundo ocidental.

Todas as escolas de Budismo têm como objetivo final alcançar a auto-realização. E elas se diferem pela duração e pelo processo utilizado para atingir esse fim. Em algumas escolas, o processo é lento e gradual, como é o caso do Hinduísmo, do yoga e do Budismo Hinayana ou do Pequeno Veículo.

Outras escolas enfatizam a auto-realização direta e instantânea, como as do Budismo do Grande Veículo (Mahayana), do qual fazem parte o Zen, o Amidismo, o Budismo Esotérico (Lamaísmo Tibetano) e a filosofia do pensador indiano Krishnamurti.

O Zen se difere das outras formas de Budismo pelo fato de nada ensinar no que diz respeito à análise intelectual, e de não impor qualquer tipo de doutrina a seus seguidores. Portanto, não há livros sagrados nem imagens a devotar no Zen. O Zen nada ensina, apenas aponta o caminho. Para o Zen, você é o seu próprio templo e não necessita de um espaço sagrado para praticá-lo.

Zazen é o ato de meditar e, por isso, a forma prática de seguir o Zen e alcançar a iluminação. A meditação pode ser realizada em qualquer hora e em qualquer lugar. E, sobretudo, o Zen está presente nas mais simples ações do cotidiano, o que faz dele muito mais um estilo de vida do que uma opção religiosa. O que há de religioso no Zen é estar em perfeita harmonia consigo mesmo e com a natureza. É ver na natureza do eu. É seguir um princípio simples: comer quando se está com fome, beber quando se tem sede e dormir quando se está com sono. Ou seja, é estar presente de corpo e alma no aqui e agora. E não estar fazendo uma coisa e pensando em outra, que é como a maioria das pessoas age, sobretudo nesses tempos pós-modernos, quando a ansiedade, a insônia e o desejo imperam.

Breve História

O Budismo surge na Índia, por volta século VI a.C., quando o príncipe Sidarta Gautama atinge a iluminação e se torna o Buda. E, assim, começa a transmitir as Quatro Verdades a seus seguidores. Rapidamente, o Budismo se espalha por todo o Oriente e várias escolas surgem a partir desses princípios fundamentais.

O Zen só iria surgir no século V da nossa era, quando o monge hindu Bodhidharma, que representava a vigésima oitava geração de discípulos de Buda, saiu da Índia e o introduziu na China, numa época em que a desordem e a luta pelo poder reinavam por toda parte. Seis gerações mais tarde, o Zen estaria totalmente difundido graças a Eno, o patriarca do Zen chinês, que criou cinco escolas distintas, das quais apenas duas sobreviveriam. Com o tempo, o Zen impregnaria a civilização chinesa, influenciando seu pensamento, sua cultura e sua arte.

Como sistema de meditação ou escola de pensamento, o Zen chegou ao Japão no século XII e se consolidou em duas escolas: Rinsai e Soto. A tradição Rinsai baseava-se na relação mestre-discípulo e no koan, pergunta enigmática de difícil resolução intelectual, a chave para se alcançar o satori ou a iluminação. A tradição Soto se caracterizava pela ênfase na prática da meditação, através do zazen. Para os mestres dessa linha, o objetivo era avançar continuamente por meio da prática diária sem esperar nada de especial. A essência do Soto é "sentar-se, simplesmente, sentar-se".

Os trabalhos cotidianos da vida e as atividades domésticas como cozinhar ou varrer são considerados no Zen parte de uma preparação espiritual, equivalente a qualquer outro serviço dentro do mosteiro.

Dessa forma, a escola Soto exerceu profunda influência na vida cotidiana do povo japonês. O que pode ser comprovado na alimentação japonesa, na maneira de se vestir e, principalmente, nas expressões artísticas.

A Tradição Rinsai e o Anedotário Zen

A cada discípulo era dado um koan sobre o qual devia meditar sem usar o intelecto. A resposta deveria surgir como um impulso, como a flor de lótus, símbolo do budismo, que emerge da lama linda e perfeita. Às vezes, o discípulo passava anos e anos meditando sobre um determinado koan. E toda vez que respondia de forma errada, ou seja, utilizando a lógica, recebia do mestre uma paulada com um bastão de bambu. A disciplina era muito rígida com o objetivo de forçar a atenção e a concentração do discípulo. Muitas vezes, o discípulo estava a ponto de atingir a iluminação, mas respondia de forma errada, traindo-se por meio da palavra e da mente. A paulada do mestre funcionava como um choque, uma ação inesperada que despertava no discípulo a consciência. Muitos deles alcançaram a iluminação logo após esse choque provocado pelo mestre.

O legado que a tradição Rinsai deixou foi um imenso volume de fábulas, histórias e anedotas que demonstram o mecanismo dessa tradição para se alcançar o satori e despertar a consciência búdica. Nessas fábulas podemos perceber a essência do Zen e conhecer histórias de muitos mestres da Antigüidade.

Além dos koans, outra forma de exercício utilizada pela tradição Rinsai era o mondo, um encontro informal entre mestre e discípulo com o objetivo de duelar através de respostas imediatas sem pensar, sem utilizar a lógica e o raciocínio. Uma forma de o discípulo mergulhar na intuição e tirar dúvidas quanto a sua compreensão do Zen. Por isso, muitas vezes, o Zen parece, para nós, absurdo ou *non sense*. O objetivo desses diálogos é ser revelador, purificador. As respostas não devem nunca ser interpretadas ou discutidas. Elas costumam apresentar efeito retardado, sua compreensão chega algum tempo depois, provavelmente em um momento cotidiano, como a simples ação de lavar uma tigela.

É que o Zen não é filosofia. É simplesmente lavar o prato depois da refeição. Quando se consegue introjetar o Zen é que se pode encontrar o sagrado nas mais simples ações. E estar iluminado é estar consciente o tempo inteiro, é levar para as ações da vida a percepção que se tem durante o estado de meditação.

A Tradição Soto e a Meditação

Por meio do zazen, do foco na meditação como forma de se aprimorar e evoluir, a tradição Soto influenciou profundamente a vida dos japoneses, com marcas que podem ser observadas até hoje. A meditação foi retirada do sagrado e levada para todas as práticas da vida, em busca do mínimo, do essencial, do estar atento e consciente em tudo que se faz. Com isso, a cultura japonesa transformou em meditação todas as ações. O simples ato de fazer um chá foi transformado em um belo e verdadeiro ritual que é a Cerimônia do Chá. O Arqueiro Zen, uma prática esportiva, foi elevada ao sublime pela meditação. Não há competição, não há pressa. O arqueiro só lança a flecha quando ele se torna o alvo, quando não há mais tensão e a flecha parte da mesma forma que a folha cai da árvore quando está madura. Nem antes, nem depois, mas no momento exato. Porque só existe o presente, não há nem passado, nem futuro.

Graças ao Zen, a arte japonesa toca o nirvana. A perfeição da caligrafia e da pintura, na busca dos traços precisos e imprescindíveis ao papel, é um exemplo. A economia e a harmonia na arte da jardinagem podem ser observadas em um Jardim Zen. Até o teatro kabuki – uma arte que impressiona, que causa espanto aos ocidentais – é originário do Zen, com sua economia e precisão de gestos em busca da expressão perfeita. Uma arte quase incompreensível, porque não tem objetivo, não tem um fim. Assim como a meditação, ela é um meio para se exercer a disciplina, a atenção, a concentração, a elevação espiritual. Uma arte que não interpreta, não quer dizer nada além. Uma arte que é. Que inspira e expira. Que só existe naquele exato momento da ação. Que vive no aqui e no agora, o verdadeiro sentido do Zen.

“Tudo é uma questão de
manter a mente quieta,
a espinha ereta e
o coração tranqüilo.”

Walter Franco

O mestre japonês Nan-in aceitou conceder uma audiência a um professor de filosofia. Ao servir o chá, Nan-in encheu a xícara do visitante, mas continuou despejando sem parar. O professor ficou observando o transbordamento até não poder mais se conter.

"Pare! A xícara está mais do que cheia, não cabe mais nada aí", disse o professor.

"Assim como esta xícara, você também está cheio de conceitos e idéias. Como posso mostrar-lhe o Zen, sem que antes você esvazie a sua xícara?", disse o mestre.

O rei Milinda chamou o famoso mestre Nagasena para uma reunião.* Ele queria questionar o mestre.

"Posso lhe fazer uma pergunta?", disse o rei.

"Por favor, faça sua pergunta", disse Nagasena.

"Eu já perguntei."

"E eu já respondi."

"Mas o que você respondeu?", indagou surpreso o rei.

"O que você perguntou?", questionou Nagasena.

"Ora, eu não perguntei nada", disse o rei.

"E eu não respondi nada", concluiu o mestre.

**O rei Milinda é na verdade o rei grego Menandro, que reinou durante a segunda metade do século II a.C. Milindra teria adotado o budismo e convidado o mestre budista Nagasena para um debate. O diálogo dos dois originou o livro* Perguntas do rei Milinda.

Diálogo entre um discípulo e o mestre Yue-Shan:

"Mestre, em que pensa a pessoa enquanto está meditando?"

"A pessoa pensa em não pensar", respondeu o mestre.

"Como se pensa em não pensar?", questionou o monge.

"Sem pensar."

Um dia um homem procurou o mestre Ikkyu pedindo para que ele lhe contasse alguma máxima budista. O homem queria tê-la na ponta da língua para poder demonstrar sabedoria. Ikkyu apanhou seu pincel e escreveu a palavra ATENÇÃO.

"Isto é tudo?", perguntou o homem.

Ikkyu escreveu a mesma palavra novamente: ATENÇÃO, ATENÇÃO.

"Bom, não vejo realmente nenhuma profundidade no que está escrito", disse o homem.

Então, Ikkyu escreveu a mesma palavra pela terceira vez.

ATENÇÃO, ATENÇÃO, ATENÇÃO.

Um pouco irritado, o homem disse que não entendia o que significava aquela palavra escrita três vezes.

"Atenção quer dizer atenção", respondeu, amavelmente, Ikkyu.

m monge e seu mestre:

"Mestre, se vejo um homem pobre, o que devo dar a ele?"

"Não lhe falta nada", respondeu o mestre.

mestre Hakuin gostava de contar esta parábola a seus discípulos quando eles se encontravam em conflito.

“Um homem caminhava por um campo quando se deparou com um tigre. Acuado, ele fugiu, e o tigre foi atrás, até que chegaram à beira de um precipício. Sem saída, o homem se jogou, e, agarrando-se a um cipó, ficou balançando no vazio.

Acima dele o tigre lhe mostrava os dentes. Aterrorizado, o homem olhou para baixo e viu que outro tigre estava pronto para comê-lo. Enquanto ele pensava em como resolver a situação, dois ratos, um branco e outro preto, começaram a roer o cipó. O homem entendeu que era o fim.

De repente, ele avistou um lindo morango silvestre. Segurando o cipó com uma única mão, ele alcançou o morango com a outra.

Ah, que doce sabor tinha!”

m monge levou a seu mestre dois vasos de plantas.

"Deixe-o cair", ordenou o mestre.

O monge soltou um vaso.

"Deixe-o cair", ordenou novamente o mestre.

O monge soltou o outro vaso.

"Deixe-o cair!", gritou o mestre.

"Mas não há mais nada para deixar cair", gaguejou o monge.

"Então, leve-os daqui."

iálogo entre dois monges.

"Aonde vais?"

"Vou a um passeio pelas redondezas."

"Qual o propósito de um passeio?"

"Não sei."

"Bem, não sabendo fica mais perto."

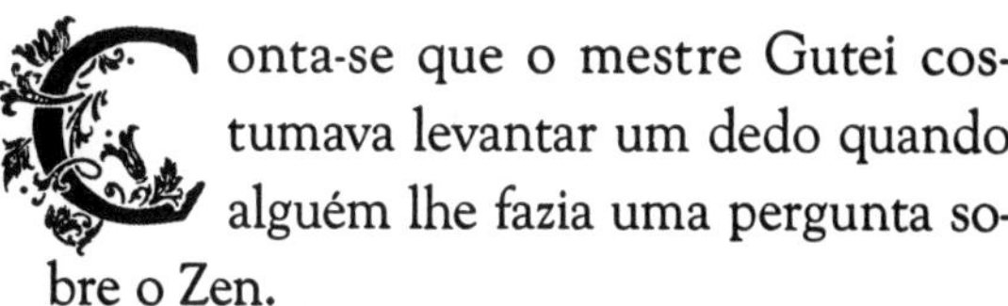

Conta-se que o mestre Gutei costumava levantar um dedo quando alguém lhe fazia uma pergunta sobre o Zen.

Um monge assistente começou a imitá-lo. Quando alguém lhe perguntava sobre o que o mestre havia falado na palestra, ele levantava um dedo.

Gutei descobriu a travessura do jovem monge e lhe cortou o dedo fora. O jovem saiu correndo e gritando de dor. Gutei chamou por ele e quando o monge virou a cabeça para o mestre, este perguntou qual tinha sido o tema da palestra daquela manhã. O monge ameaçou fazer o gesto de levantar o dedo, mas deteve-se.

Neste mesmo instante o jovem monge alcançou a iluminação.

 mestre Shaku Soen gostava de passear ao entardecer pela aldeia próxima ao mosteiro.

Um dia, ele ouviu fortes lamentos vindos de uma casa e resolveu bisbilhotar. Ao entrar na casa, compreendeu que o dono havia morrido, e que a família e os vizinhos estavam chorando. Ele procurou um lugar para se sentar e chorou com eles. Um velho o reconheceu e ficou surpreso de ver o famoso mestre acompanhá-los no pranto.

"Eu acreditava que tu estivesses além dessas coisas."

"Mas é exatamente isso que me coloca mais além", respondeu o mestre num soluço.

Em um mosteiro havia um velho monge que deixava os jovens totalmente intimidados. Não que ele fosse severo, mas porque nada, absolutamente nada, parecia perturbá-lo ou afetá-lo. Os jovens viam nele algo inquietante e resolveram testar a paciência do velho monge.

Numa escura manhã de inverno, quando era tarefa do velho monge levar a oferenda de chá à sala do monge superior, o grupo de jovens se escondeu em uma das curvas do longo e sinuoso corredor do mosteiro. Quando o velho se aproximou, eles saíram do esconderijo dando gritos assustadores. Mas nada adiantou.

Sem sequer alterar o passo, o velho monge seguiu andando com calma, levando cuidadosamente a bandeja de chá. Próximo à sala havia uma mesinha. O velho foi até ela, colocou a bandeja de chá, cobriu-a para protegê-la da poeira e, então, só então, apoiando-se contra a parede, deu um grito, numa exclamação de susto.

O mestre Ikkyu ao relatar essa história comentou: "Compreendemos que não há nada de errado em termos emoções. Só não devemos deixar que elas nos perturbem ou que nos impeçam de fazer o que estamos fazendo."

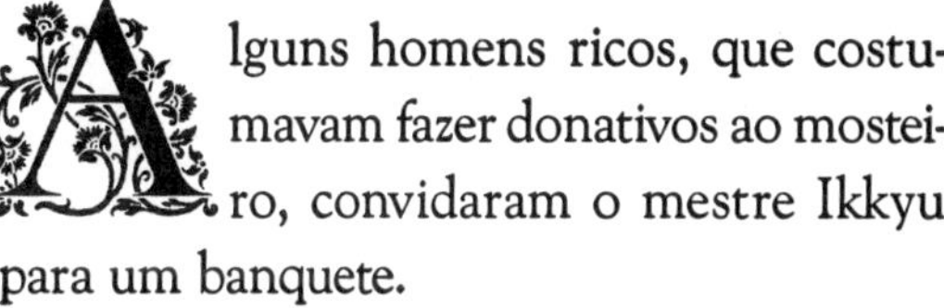

lguns homens ricos, que costumavam fazer donativos ao mosteiro, convidaram o mestre Ikkyu para um banquete.

Segundo a tradição do mosteiro, os monges se revezavam para pedir esmolas a fim de arrecadar dinheiro para seu sustento. Ikkyu foi com roupas de mendigo, já que era o seu dia de pedir esmolas. O anfitrião, não reconhecendo o mestre, colocou-o para fora da casa.

"Você não pode ficar aqui, estamos esperando o famoso mestre Ikkyu!"

O mestre voltou ao mosteiro, trocou suas roupas pelo belo manto de cerimônias e se apresentou novamente. Foi recebido com todo o respeito e levado à sala do banquete.

Ikkyu colocou o manto no encosto da cadeira e disse antes de se retirar:

"Suponho que tenham convidado o manto."

ois monges, diante de uma bandeira balançando ao vento, começaram a discutir.

"A bandeira se move", disse o primeiro.

"Não, é o vento que se move", retrucou o segundo.

E assim seguiram a discussão, sem chegar a um acordo.

Até que Hui-neng, o Sexto Patriarca do Zen, se aproximou e interrompeu a discussão.

"Não é a bandeira que se move. Também não é o vento que se move. É a mente de ambos que se move."

m dia Chuang-tzu e um amigo estavam caminhando pela beira de um rio.

"Como deliciosamente vivem os peixes na água", exclamou Chuang-tzu.

"Você não é um peixe", disse o amigo. "Como pode saber se os peixes vivem deliciosamente na água ou não?"

"Você não é eu", respondeu Chuang-tzu. "Como pode saber que não sei se os peixes vivem deliciosamente na água ou não?"

m samurai chamado Nobushige encontrou o mestre Hakuin numa estrada.

"Mestre, existem realmente um paraíso e um inferno?"

"Quem és tu?", perguntou Hakuin.

"Um samurai", respondeu o outro.

"Tu, um guerreiro?!", exclamou Hakuin. "Não me faças rir, tu pareces um mendigo."

Isso foi como uma ofensa para o samurai, que desembainhou a espada.

E Hakuin continuou a provocação.

"Ah, e ainda tens uma espada! Será que ela é afiada o suficiente para cortar a minha cabeça?", perguntou.

Cego de fúria, o samurai levantou a espada, pronto para decepar Hakuin.

O mestre, muito calmo, levantou um dedo.

"Aqui se abrem as portas do inferno", disse Hakuin.

Diante dessas palavras o samurai se deteve e, compreendendo o ensinamento do mestre, guardou a espada e fez uma reverência.

"Aqui se abrem as portas do paraíso", concluiu o mestre.

 mestre Nansen encontrou dois grupos de monges disputando a posse de um gato.

Nansen foi até a cozinha e trouxe um machado de cortar carne. Pegou o gato e disse aos monges:

"Se algum de vocês puder fazer alguma coisa, poderá salvar o gato."

Nenhuma palavra foi dita. Nenhuma ação foi feita. Nansen cortou o gato em dois e deu metade para cada grupo.

Quando Joshu voltou à noite, Nansen contou-lhe o que tinha acontecido.

Joshu não disse nada, apenas colocou suas sandálias sobre a cabeça e saiu.

"Se você estivesse aqui, o gato estaria salvo", disse Nansen.

Quando o mestre Bankei passava suas semanas de meditação em retiro, costumavam vir discípulos de vários lugares só para acompanhá-lo. Durante uma dessas reuniões, um dos alunos foi surpreendido roubando. Bankei foi informado do assunto, juntamente com um pedido de expulsão do culpado. Mas não ligou para o caso.

Mais tarde, o mesmo discípulo cometeu um ato similar e, novamente, Bankei não deu atenção ao caso.

Isso irritou os outros discípulos que fizeram uma carta, solicitando que o ladrão fosse expulso. Caso contrário, todos iriam embora. Bankei leu o pedido e mandou reunir os monges.

"Vocês são todos pessoas sensatas. Sabem o que é uma boa ação e o que não é uma boa ação. Mas este pobre irmão nem sequer sabe a diferença entre o bem e o mal. E quem vai ensiná-lo, se eu não fizer isso? Se quiserem, podem ir estudar em outro mosteiro. Eu ficarei aqui sozinho com ele, mesmo que todos vocês se retirem."

O discípulo que havia roubado caiu em lágrimas e nunca mais teve desejo de roubar.

Uma noite, enquanto Kojun meditava, um ladrão armado de uma faca entrou em seu quarto e lhe exigiu a bolsa ou a vida.

"Não me distraia, tem dinheiro naquela gaveta", disse o mestre. E continuou a meditação.

Enquanto o ladrão revirava as coisas, o mestre chamou sua atenção.

"Por favor, não leve o dinheiro todo, preciso de algum para pagar os impostos amanhã."

O intruso separou a maior parte do dinheiro e deixou um pouco, conforme o pedido do velho.

"Agradeça quando te dão um presente", disse o mestre antes que ele se retirasse.

O homem agradeceu e se foi.

Dias depois, o sujeito foi capturado e confessou, entre outros, o roubo de Kojun.

O mestre foi chamado para o julgamento do ladrão e, para surpresa de todos, falou em sua defesa.

"Este homem não é nenhum ladrão, pelo menos sob o meu ponto de vista. Eu lhe ofereci o dinheiro e ele ainda me agradeceu", disse o mestre diante do juiz.

Tempos depois, quando foi libertado da prisão, o homem procurou o mestre e converteu-se em discípulo.

O mestre Soyen Shaku costumava dormir a sesta todas as tardes. Seus discípulos resolveram perguntar porque ele fazia isso. E ele respondeu que ia ao país dos sonhos se encontrar com os antigos sábios, como costumava fazer Confúcio.

Um dia, fazia muito calor e alguns dos jovens discípulos de Soyen resolveram dormir um pouco. O mestre os surpreendeu.

"Fomos ao país dos sonhos para encontrar com os antigos sábios, como fazia Confúcio", explicaram.

"E qual foi a mensagem dos sábios?", perguntou o mestre.

"Fomos ao país dos sonhos e encontramos os sábios. Então perguntamos se nosso mestre ia até lá todas as tardes, mas eles nos disseram que nunca tinham visto essa pessoa."

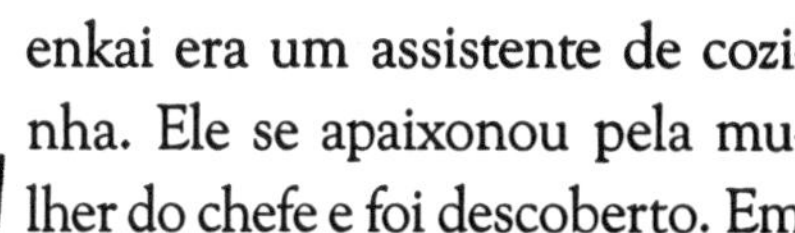

Zenkai era um assistente de cozinha. Ele se apaixonou pela mulher do chefe e foi descoberto. Em legítima defesa, acabou matando o marido e fugindo com a mulher. Mais tarde, a mulher acabou abandonando-o, e Zenkai se mudou para muito longe, onde se tornou monge mendicante.

Em reparação ao seu passado, ele decidiu dedicar a vida a uma boa obra. Sabendo de uma rota perigosa à beira de um precipício, resolveu abrir um túnel através da montanha para que não houvesse mais acidentes naquela estrada. De dia ele mendigava e, à noite, trabalhava cavando seu túnel.

Depois de trinta anos, o túnel já alcançava quase um quilômetro. Mas, dois anos antes de o túnel ficar pronto, o filho do chefe de cozinha que Zenkai havia matado descobriu o seu paradeiro e queria vingar a morte do pai. Ele havia se tornado um samurai.

"Com prazer eu lhe darei a minha vida, mas espere até eu terminar a minha obra. No mesmo dia em que o túnel estiver terminado, você pode me matar", disse Zenkai.

O samurai aceitou. Vários meses se passaram e Zenkai seguia cavando. Cansado de não fazer nada, o jovem resolveu ajudar na escavação. Depois de um ano de ajuda, começou a admirar a força de vontade de Zenkai.

Finalmente o túnel estava pronto e as pessoas podiam viajar com segurança.

"Agora pode cortar minha cabeça, minha obra está completa", disse Zenkai ajoelhando-se aos pés do samurai.

"Como poderia cortar a cabeça de meu mestre?", perguntou o outro com lágrimas nos olhos.

ois mestres foram juntos visitar a família de um morto e abençoar o defunto.

"Vivo ou morto?", perguntou o primeiro, batendo na madeira do caixão.

"Vivo? Não posso afirmar. Morto? Também não posso afirmar", conclui o segundo.

Um monge perguntou ao mestre Kegon:

"Como regressa à vida cotidiana alguém que alcançou a iluminação?"

"As flores e as folhas caídas jamais retornam ao seus antigos galhos", respondeu o mestre.

uando Ninakawa estava à beira da morte, foi visitá-lo o mestre Ikkyu.

"Posso guiar-te?", perguntou.

"Eu vim sozinho e vou sozinho. Em que tu poderias me ajudar?", Ninakawa respondeu.

"Se tu pensas que realmente vem e vai, isso é apenas ilusão tua. Deixa-me mostrar-te o caminho onde não há nem ida nem volta."

Com essas palavras Ikkyu revelou o caminho tão claramente, que Ninakawa sorriu e partiu em paz.

a sua palestra matinal, o mestre Yakusan foi abordado por um monge.

"Tenho um problema. O senhor poderia resolvê-lo?"

"Sim, me procure esta noite e eu o ajudarei", respondeu o mestre.

Naquela noite, quando todos os monges estavam reunidos no dormitório, o mestre apareceu.

"O monge que esta manhã me disse que tinha um problema, levante agora!"

O monge se levantou envergonhado, no meio dos outros monges.

"Este jovem passou o dia inteiro com um problema", disse Yakusan apontando o monge envergonhado.

O silêncio era completo no dormitório.

"Por acaso, você teria agüentado passar o dia inteiro com a cabeça embaixo da água?", perguntou o mestre.

 mestre Bankei foi convidado a falar no templo de uma outra escola. Um sacerdote dessa escola, que acredita na salvação pela repetição do nome de Buda, interrompeu o discurso e começou a discutir com Bankei.

“O fundador da nossa escola tinha poderes tão milagrosos que, segurando na mão um pincel de um lado de um rio, era capaz de escrever sobre um papel na outra margem”, gabou-se o sacerdote.

“Tu serias capaz de tal prodígio?”, perguntou ao mestre para provocar.

Mas Bankei não se intimidou.

“Talvez teu mestre tenha esses truques, mas o Zen funciona de outro modo. O único milagre que eu faço é: Quando tenho fome, como. Quando tenho sede, bebo. E quando tenho sono, durmo”, respondeu Bankei.

Os mestres do Zen costumavam treinar seus garotos na arte do diálogo. Cada mosteiro tinha o seu pequeno protegido.

Todas as manhãs, um dos garotos costumava encontrar com outro, de outro mosteiro, pelo caminho.

"Aonde vais?", perguntou o primeiro.

"Aonde levam meus pés", respondeu o outro.

Esta resposta deixou perplexo o menino, que procurou seu mestre para pedir ajuda.

"Amanhã de manhã, faça a mesma pergunta, que ele te dará a mesma resposta. E, então, você pergunte: *Faça de conta que não tens pés. Aonde vais?* Isso o deixará sem resposta", disse o mestre.

Na manhã seguinte, os garotos voltaram a se encontrar.

"Aonde vais?", perguntou o primeiro.

"Aonde sopra o vento", respondeu o outro.

O garoto ficou novamente desconcertado e correu ao mestre para contar sua derrota.

"Pergunte: *aonde vais se não há vento*", sugeriu o mestre.

No outro dia, os dois se encontraram novamente.

"Aonde vais?", perguntou o primeiro.

"Ao mercado comprar verduras", respondeu o outro.

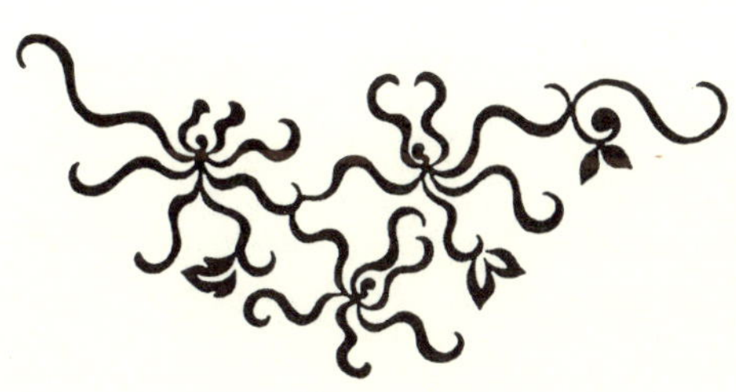

Muitos discípulos estudavam meditação com o mestre Zen Sengai. Um deles costumava se levantar à noite, escalar o muro do templo e fugir para a aldeia para ir ao prostíbulo. Uma noite, quando Sengai foi inspecionar os dormitórios, notou a falta do discípulo e descobriu também a escada que ele usava para escalar o muro. Sengai retirou a escada e se colocou no lugar dela. Quando o monge fujão voltou, sem perceber que a escada era Sengai, botou os pés nos ombros do mestre e pulou para o chão. Ao se dar conta do que havia feito, ficou petrificado.

"Está muito frio de madrugada, tome cuidado para não se resfriar", disse Sengai com uma voz terna e calma.

O discípulo nunca mais fugiu.

Tanzan e Ekido andavam juntos por um caminho pantanoso. Chovia torrencialmente. Quando chegaram perto de um lamaçal, avistaram uma linda jovem que não tinha coragem de atravessar o pântano.

"Vamos menina", disse Tanzan, apanhando-a nos braços.

Ekido guardou silêncio até a noite, quando chegaram a um templo para dormir. E depois não agüentou mais.

"Nós monges não devemos nos aproximar das mulheres, principalmente se elas são jovens e bonitas. É perigoso."

"Por quê você está pensando nisso?", questionou Tanzan. "Eu deixei a menina na estrada. Mas você, pelo visto, trouxe-a contigo."

Likudo procurou o mestre Nansen.

"Lá em casa eu tenho uma grande pedra na qual posso até me recostar. Eu a considero como um Buda. Posso fazê-lo?"

"Sim, pode", respondeu o mestre.

"Posso realmente?", Likudo insistiu.

"Não, não pode."

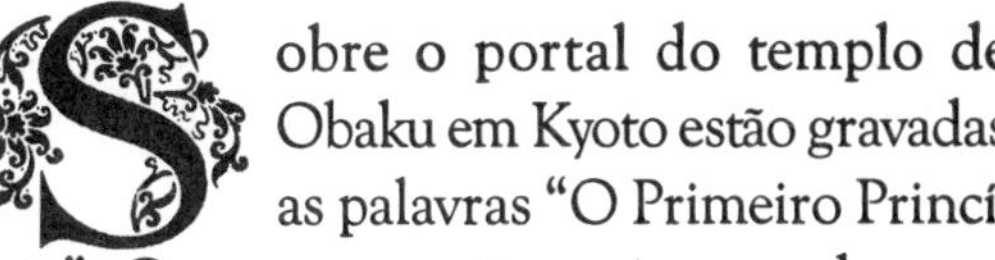

Sobre o portal do templo de Obaku em Kyoto estão gravadas as palavras “O Primeiro Princípio”. Os caracteres são muito grandes e os conhecedores de caligrafia japonesa sempre os admiraram e consideraram uma obra-prima. Foram traçados por Kosen há mais de duzentos anos.

Conta-se que, enquanto ensaiava os caracteres, estava com ele um discípulo nada tímido que havia preparado vários galões de tinta para a obra caligráfica e, toda hora, criticava o trabalho do mestre.

“Não está bom”, disse o discípulo depois do primeiro ensaio.

“Que tal este?”, perguntou o mestre.

“Pior que antes.”

Kosen pacientemente ensaiava, até que já se acumulavam oitenta versões de “O Primeiro Princípio”, sem que o discípulo desse a sua aprovação.

Então, quando o jovem saiu por um momento, Kosen traçou num único impulso, com a mente livre de distração, “O Primeiro Princípio”.

Quando voltou, o discípulo se surpreendeu.

“Uma obra-prima!”

Suiwo, discípulo de Hakuin, era um bom mestre. Certa vez chegou até ele um novo aluno que vinha do sul do Japão. Suiwo lhe deu o seguinte koan: *Qual é o som de uma única mão batendo palma?*

O discípulo permaneceu três anos meditando, mas não passou pela prova. Uma noite procurou o mestre e disse.

"Devo voltar para casa cheio de vergonha porque não pude resolver o enigma."

"Espere mais uma semana e medite constantemente", aconselhou o mestre.

Ainda assim, o discípulo não alcançou a iluminação.

"Tente por mais uma semana", disse Suiwo.

O discípulo obedeceu, mas foi em vão.

"Uma semana mais."

Ainda assim, resultou inútil.

Desesperado, o discípulo solicitou permissão para partir, mas Suiwo pediu que ele meditasse ainda por cinco dias, como uma última tentativa. Também sem êxito.

"Medite por mais três dias e se não alcançar a iluminação é melhor que se mate", disse o mestre.

No segundo dia o discípulo alcançou a iluminação.

Goshu procurou seu mestre.

"Tenho estudado o Zen por muitos anos, mas não o compreendo. Tenha a bondade de dar-me um pouco de luz."

"Não há nenhum truque para estudar o Zen. Basta simplesmente se libertar do nascimento e da morte", disse o mestre.

"Mas como?", perguntou Goshu.

"O pensamento que atravessa sua mente, neste exato momento, é nascimento e morte."

Ao ouvir estas palavras Goshu se iluminou.

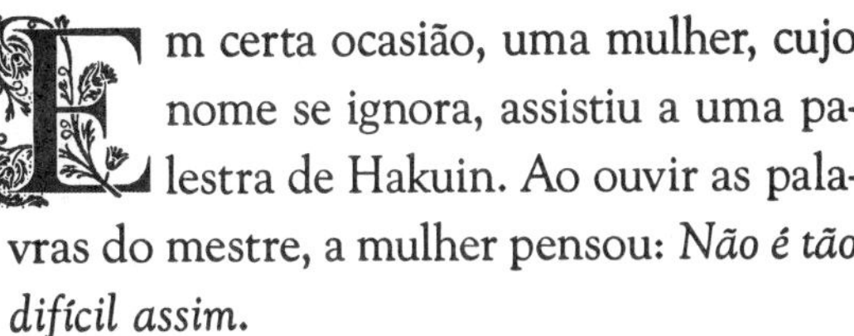

Em certa ocasião, uma mulher, cujo nome se ignora, assistiu a uma palestra de Hakuin. Ao ouvir as palavras do mestre, a mulher pensou: *Não é tão difícil assim.*

Voltou para casa e começou a meditar noites e dias seguidos. Um belo dia, quando estava lavando a louça, repentinamente compreendeu. Largou a panela e foi procurar o mestre Hakuin.

"Buda atravessou o meu próprio corpo. Tudo irradia luz", ela disse emocionada.

Estava tão feliz que dançava de alegria.

Hakuin a interrompeu.

"Mas o que me diz sobre o poço negro? Por acaso irradia luz?", perguntou.

A mulher se levantou e deu uma bofetada em Hakuin.

"Este velho, com certeza, não chegou lá", disse ela.

E Hakuin explodiu numa gargalhada.

Yamaoka Teshu, quando era um jovem estudante Zen, passou por vários mestres, até que encontrou Dokuon.

Na sua primeira entrevista com o novo mestre, resolveu mostrar o quanto já sabia.

"A mente, Buda, e todos os seres não existem. A verdadeira natureza dos fenômenos é vazia. Não há realização, nenhum sábio, nenhuma mediocridade. Não há o que dar e tampouco o que receber."

Dokuon, que estava fumando pacientemente, não disse nada. Simplesmente, acertou Yamaoka na cabeça com seu longo cachimbo de bambu. O jovem ficou irritadíssimo, gritando xingamentos.

"Se nada existe, de onde veio toda essa sua raiva?", perguntou o mestre.

m homem muito rico pediu ao mestre Sengai para escrever algo pela prosperidade de sua família, de modo que esta pudesse manter sua fortuna pela próximas gerações.

Sengai apanhou uma longa folha de papel de arroz e escreveu: *Pai morre, filho morre, neto morre.*

O homem ficou indignado.

"Eu lhe pedi para escrever algo pela felicidade da minha família e você me vem com uma brincadeira dessas!"

"Não pretendi fazer brincadeira", explicou Sengai, "mas se sua família, de geração em geração, morrer na ordem que eu escrevi, isso seria o mais natural curso da vida. Eu chamo a isso a Verdadeira Riqueza."

Existiam boatos sobre um sábio que vivia isolado numa casa no alto de uma montanha. Um homem da vila decidiu fazer a difícil jornada para visitá-lo. Quando chegou à casa, ele foi recebido por um velho empregado.

"Eu gostaria de ver o Sábio", disse o homem.

O velho sorriu e abriu a porta.

Enquanto eles caminhavam ao longo da casa, o homem da vila olhava para todos os lados, esperando encontrar o homem considerado um verdadeiro sábio. Mas sem se dar conta, eles já haviam percorrido toda a casa e já estavam na porta novamente.

"Mas eu quero ver o Sábio", disse o homem.

"Você já viu", respondeu o velho. "Todos que você encontra em sua vida, mesmo que pareçam simples e insignificantes, devem ser vistos como verdadeiros Sábios. Assim, quaisquer que sejam os problemas que o trouxeram até aqui, eles serão resolvidos."

E fechou a porta.

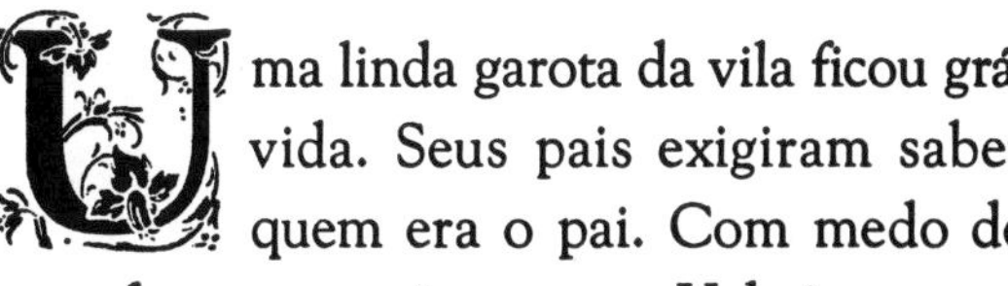

ma linda garota da vila ficou grávida. Seus pais exigiram saber quem era o pai. Com medo de confessar, a menina acusou Hakuin, o mestre Zen, que dirigia um mosteiro ali perto. A surpresa foi geral.

Quando os pais foram procurar Hakuin para falar sobre a acusação da filha, ele simplesmente disse:

"É mesmo?"

A criança nasceu e os pais a levaram para Hakuin, que já havia perdido sua reputação. Eles exigiram que ele tomasse conta da criança, já que era sua responsabilidade.

"É mesmo?", disse Hakuin.

Por muitos meses ele cuidou carinhosamente da criança até o dia em que a menina não agüentou mais sustentar a mentira e confessou que o pai verdadeiro era um jovem da vila que ela estava tentando proteger.

Os pais imediatamente foram até Hakuin. Constrangidos, perguntaram se ele poderia devolver a criança e explicaram o que tinha acontecido.

"É mesmo?", foi o que disse Hakuin, enquanto devolvia a criança.

urante as guerras civis na China feudal, todos os habitantes de uma cidade fugiram apavorados ao saberem que um exército invasor estava se aproximando para saquear e tomar o poder. O general daquele exército era conhecido por sua crueldade.

Quando chegaram à vila, os batedores disseram ao general que todos tinham fugido, exceto um mestre Zen que ainda se encontrava no templo. O general foi até lá, curioso em conhecer o tal homem.

Ao chegar, não foi recebido com a normal submissão e terror com que estava acostumado a ser tratado por todos. Isso levou o general à fúria.

“Seu tolo, não percebe que você está diante de um homem que pode trucidá-lo num piscar de olhos?!”, gritou o general.

“E você percebe que está diante de um homem que pode ser trucidado num piscar de olhos?”, perguntou o mestre.

Certa vez existiu um grande guerreiro. Mesmo muito velho, ele ainda era capaz de derrotar qualquer desafiante. Sua reputação estendeu-se por toda a China, e muitos estudantes reuniam-se para aprender artes marciais sob sua orientação.

Um dia, um jovem guerreiro foi procurá-lo determinado a ser o primeiro homem a derrotar o grande mestre. Além de muita força física, ele possuía uma habilidade fantástica com a espada. Sua tática era ofender o oponente até que ele perdesse a concentração. Ele esperaria o primeiro movimento e, então, atacaria com a velocidade de um raio. Ninguém jamais havia resistido.

Contra todas as advertências de seus estudantes, o velho mestre aceitou o desafio do jovem guerreiro. Os dois se posicionaram para a luta e o jovem guerreiro começou a lançar insultos ao velho mestre. Jogava terra e cuspia em sua face. Por horas ele ofendeu o velho com todos os tipos de insultos e maldições. Mas o velho mestre, simplesmente, ficou parado. Esperando. E o jovem guerreiro finalmente ficou exausto.

Percebendo que tinha sido derrotado, fugiu vergonhosamente.

Os estudantes do velho mestre ficaram um pouco desapontados por não terem visto ele lutar contra o jovem, mas também ficaram impressionados com a disciplina do mestre.

"Como o senhor conseguiu suportar tantos insultos? Como conseguiu derrotá-lo sem ao menos se mover?", perguntaram.

"Se alguém lhe dá um presente e você não o aceita, para quem retorna este presente?", perguntou o mestre.

m estudante de artes marciais procurou seu mestre com uma questão:

"Preciso aprimorar meu conhecimento em artes marciais. Além do que aprendi com o senhor, eu gostaria de estudar com outro professor para poder aprender outro estilo. O que pensa da minha idéia?", perguntou.

"O caçador que espreita dois coelhos ao mesmo tempo corre o risco de não pegar nenhum."

m renomado mestre Zen dizia que seu maior ensinamento era: Buda é a sua mente.

Um monge ficou tão impressionado com a profundidade deste koan, que decidiu deixar o monastério e retirar-se em um local afastado para meditar sobre a frase. Ele viveu vinte anos como um eremita, meditando sobre o grande ensinamento.

Um dia ele encontrou outro monge que viajava pelas montanhas próximas à sua casa. Na conversa, o monge eremita soube que o viajante também tinha estudado com o mesmo mestre Zen.

"Por favor, diga-me se você conhece o grande ensinamento do mestre", perguntou ansioso ao outro.

Os olhos do monge viajante brilharam.

"O mestre foi muito claro sobre isto. Ele disse que seu maior ensinamento era: Buda não é a sua mente."

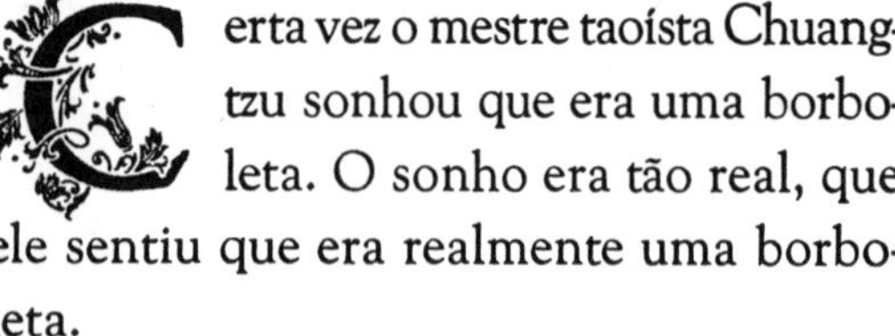

Certa vez o mestre taoísta Chuang-tzu sonhou que era uma borboleta. O sonho era tão real, que ele sentiu que era realmente uma borboleta.

Chuang-tzu acordou pensativo.

"Sou um homem que sonhava ser uma borboleta ou sou agora uma borboleta que sonha ser um homem?"

pós dez anos de aprendizagem, Tenno atingiu o título de mestre Zen. Num dia chuvoso, ele foi visitar o famoso mestre Nan-In. Ao entrar no mosteiro, o mestre recebeu-o com uma simples questão.

"Você deixou seus tamancos e seu guarda-chuva na entrada?"

"Sim", respondeu Tenno.

"E você colocou seu guarda-chuva à esquerda ou à direita de seu calçado?"

Tenno não soube responder e percebeu que ainda não tinha alcançado a plena atenção.

Tornou-se aprendiz de Nan-In e estudou sob sua orientação por mais dez anos.

Após ganhar vários torneios de arco-e-flecha, um jovem e arrogante campeão resolveu desafiar um mestre Zen, que era conhecido por ser um exímio arqueiro.

O jovem demonstrou muita técnica quando acertou na mosca a primeira flecha lançada. E ainda foi capaz de parti-la em dois com a segunda flecha.

"Veja se pode fazer isso?", perguntou ao mestre.

O mestre não preparou seu arco. Fez sinal para o jovem arqueiro acompanhá-lo montanha acima. Curioso, o campeão seguiu-o até que alcançaram um abismo, atravessado por uma frágil ponte de madeira. Tranqüilamente, o mestre caminhou até o meio da ponte, esticou seu arco e acertou uma flechada perfeita, arrancando um galho de uma árvore longínqua.

"Agora é sua vez", disse o mestre.

O jovem não teve coragem de caminhar pela ponte e muito menos acertar um alvo de lá.

"Você tem muita perícia com seu arco, mas tem pouco equilíbrio com a mente, que deve nos deixar relaxados para mirar o alvo", concluiu o mestre.

Um novo estudante foi procurar o mestre do mosteiro.

"Como posso absorver seus ensinamentos de forma correta?

"Pense em mim como um sino. Dê um suave toque e eu lhe darei um pequeno tinido. Toque-me com força e você receberá uma alta e sonora badalada."

Hsüan-Chien, quando jovem, era um devoto estudante do Budismo. Ele estudou todos os conceitos e doutrinas e tornou-se muito hábil em analisar os termos mais complexos. Considerava-se um entendido em filosofia budista. Aprendeu de cor o Sutra do Diamante, e orgulhava-se de ter escrito um longo comentário sobre ele.*

Um dia, sabendo que em outra cidade havia um grande sábio que dizia coisas com as quais ele não concordava, resolveu viajar até lá para provar, pelo seu conhecimento, que o sábio estava errado. Colocou o comentário sobre o Sutra do Diamante embaixo do braço e partiu.

No caminho, encontrou uma velha que vendia bolinhos de arroz.

"Gostaria de comprar alguns bolinhos, por favor."

"Que livros está carregando?", perguntou a velha.

**Sutras são transcrições dos discursos e palestras de Buda a seus discípulos. O Sutra do Diamente registra uma conversa entre Buda e o discípulo Subhuti.*

"É o meu comentário sobre o sentido verdadeiro do Sutra do Diamante, mas você não sabe nada sobre esses assuntos profundos", disse desprezando a vendedora de bolinhos.

"Vou lhe fazer uma pergunta, e, se puder me responder, eu lhe darei os bolinhos de graça", disse a velha.

Ele aceitou o desafio.

"Está escrito que a mente do passado é inatingível, a mente do futuro é inatingível, e

a mente do presente é inatingível. Diga-me com qual mente você vai se alimentar?", perguntou.

Hsüan-chien não soube o que dizer.

"Sinto muito, mas acho que terá que comer bolinhos em outro lugar", disse a velha.

Assim que Bodhidharma* introduziu o Zen na China, ele foi levado à presença do Imperador Wu, um devoto do Budismo, que estava interessado em discutir os princípios do Zen.

"Nós construímos templos, copiamos os sutras sagrados, ordenamos monges e monjas. Qual o mérito pela nossa conduta?", perguntou o imperador.

"Nenhum mérito", disse o mestre.

O imperador, chocado e ofendido, pensou que tal resposta estava subvertendo todo o dogma budista.

"Então qual é o Santo Dharma?"**

"Um vasto vazio, sem nada santo dentro dele", afirmou Bodhidharma, para a surpresa do imperador. Este ficou furioso e levantou-se para fazer uma última pergunta.

**Bodhidharma*: vigésimo oitavo discípulo de Buda, ele introduziu o Zen na China no século V.*

***Santo Dharma é o Primeiro Princípio do Budismo.*

"Quem és, então, para ficares diante de mim como se fosses um sábio?"

"Eu não sei, majestade", respondeu o mestre.

Finalmente, após muitas tentativas, Shang Kwang foi aceito por Bodhidharma como seu discípulo. No primeiro encontro dos dois, aconteceu o seguinte diálogo.

"Mestre, eu não tenho paz de espírito. O senhor poderia pacificar a minha mente?"

"Ponha sua mente aqui na minha frente e eu a pacificarei!", respondeu Bodhidharma.

"Mas é impossível que eu faça isso!", afirmou Shang Kwang.

"Então, já pacifiquei a sua mente", concluiu o mestre.

á uma antiga história que fala do significado dos gatos na prática da meditação.

Existia um mestre Zen que vivia em um mosteiro com seus discípulos. Todas as noites, quando se sentavam no pátio para meditar, o gato que vivia no mosteiro fazia tanto barulho que atrapalhava a concentração. O mestre ordenou que o gato fosse amordaçado durante a prática noturna.

Anos depois, quando o mestre morreu, o gato continuou a ser amarrado durante a meditação. E quando o gato morreu, outro gato foi trazido para o mosteiro e amarrado, o que acabou se transformando num verdadeiro ritual.

Séculos depois, quando todos os fatos do evento estavam perdidos no passado, alguns intelectuais que estudavam os ensinamentos daquele mestre escreveram longos tratados sobre o significado de se amordaçar um gato durante a prática da meditação.

o encontrar um mestre Zen em um evento social, um filósofo decidiu colocar-lhe uma questão.

"Como exatamente você ajuda as pessoas?"

"Eu as alcanço naquele momento mais difícil, quando elas não têm mais nenhuma pergunta para fazer."

O imperador perguntou ao mestre Gudo:

"O que acontece com um homem iluminado após a morte?"

"Como eu poderia saber?", respondeu Gudo.

"Porque o senhor é um mestre, não é?", perguntou o imperador, um pouco surpreso.

"Sim majestade, mas ainda não sou um mestre morto."

m ex-monge budista tornou-se fazendeiro. Ele abandonou o mosteiro porque queria ter uma família. Conseguiu umas terras e ali foi seguindo sua vida.

Um dia seu cavalo fugiu. Ao saberem da notícia, os vizinhos vieram visitá-lo.

"Que azar!", eles disseram solidariamente.

"Talvez", respondeu o fazendeiro.

Na manhã seguinte o cavalo retornou, trazendo com ele três outros cavalos selvagens.

"Que sorte!", os vizinhos exclamaram.

"Talvez", respondeu o fazendeiro.

No dia seguinte, ao tentar domar um dos cavalos, o filho do fazendeiro foi derrubado e quebrou a perna. Os vizinhos novamente vieram prestar solidariedade.

"Que pena", disseram.

"Talvez", respondeu o fazendeiro.

No outro dia, oficiais militares foram até a vila para convocar todos os jovens porque o exército estava entrando em guerra. O filho do fazendeiro foi dispensado porque estava com a perna quebrada.

Os vizinhos correram para congratular o fazendeiro pela forma como as situações tinham se virado a seu favor. Ele apenas sorriu e disse:

"Talvez."

m monge perguntou ao mestre enquanto trabalhavam no jardim.

"Qual o significado do Zen?"

"A árvore no jardim."

"Não use parábolas. Quero uma explicação intelectual e concreta", pediu o monge.

"Então eu não vou usar nada abstrato e serei intelectualmente claro", disse o mestre.

O monge esperou um pouco e vendo que o mestre não respondia fez a pergunta de novo.

"Então? Qual o significado do Zen?"

"A árvore no jardim", respondeu o mestre, apontando uma árvore no jardim.

Um jovem monge era o responsável pelo jardim de um famoso templo. Ao lado desse templo havia um outro templo menor, onde vivia apenas um velho mestre Zen. Um dia, quando o monge estava esperando a visita de importantes convidados, ele se empenhou em dar uma atenção extra ao jardim. Retirou as ervas daninhas, podou os arbustos e gastou muito tempo retirando todas as folhas secas de outono. Enquanto ele trabalhava, o velho mestre observava com interesse por cima do muro que separava os dois templos.

Com o trabalho terminado o monge afastou-se para admirar a própria obra.

"Não está perfeito?", perguntou ao velho monge.

"Sim, mas está faltando uma coisa", respondeu o mestre.

Após certa hesitação o monge ajudou o velho a pular o muro. O mestre caminhou até a árvore mais próxima ao centro do jardim, segurou seu tronco e o sacudiu com força.

As folhas caíram suavemente e cobriram todo o jardim.

"Pronto, agora está perfeito", concluiu o velho mestre.

Conta-se que havia um certo mosteiro Zen da tradição Soto que tinha regras muito rígidas. Os monges seguiam um estrito voto de silêncio e havia uma pequena exceção a esta regra. A cada dez anos os monges tinham permissão de falar apenas duas palavras.

Após seus primeiros dez anos no mosteiro, um jovem monge foi falar com o monge superior.

“Passaram-se dez anos. Quais são as duas palavras que você gostaria de dizer?”, perguntou o monge superior.

“Cama dura”, disse o jovem.

“Entendo”, respondeu o monge superior.

Dez anos depois, o monge retornou à sala do monge superior.

“Passaram-se mais dez anos. Quais são as duas palavras que você gostaria de dizer?”

“Comida ruim”, disse o monge.

“Entendo”, respondeu o superior.

Mais dez anos se passaram e o monge mais uma vez encontrou-se com o seu superior.

"Depois de três décadas, quais são as duas palavras que você gostaria de dizer?", perguntou o superior.

"Eu desisto", disse o monge.

"Bem, eu entendo o motivo. Você não fez outra coisa, nos últimos trinta anos, a não ser reclamar", disse o monge superior.

Um homem estava interessado em aprender meditação. Foi até um templo e bateu à porta. Um velho mestre o atendeu.

"Bom dia, meu senhor. Eu gostaria de aprender meditação. Como sei que isso é difícil e muito técnico, procurei ler todos os livros e opiniões sobre o assunto. Estou aqui porque o senhor é considerado um grande mestre. O senhor poderia me ensinar?", perguntou o homem com toda humildade.

Durante todo aquele falatório do homem, o velho ficou apenas observando.

"Então, você quer aprender meditação?", perguntou.

"Sim, é isso que eu desejo", respondeu o outro.

"Estudou muito sobre meditação?", perguntou o mestre num tom irônico.

"Fiz o melhor que pude", afirmou o homem.

"Certo, então vá para casa e faça exatamente o que eu vou te dizer: *não pense em macacos.*"

O homem ficou pasmo. Nunca tinha lido nada sobre isso nos livros de meditação.

"É só isso, não pensar em macacos?", perguntou.

"Se você for capaz", respondeu o velho.

"Bem, acho que isso é simples", disse o homem.

"Então, estamos combinados. Volte amanhã", disse o mestre batendo a porta na cara do homem.

Algumas horas mais tarde, o velho ouviu alguém batendo à porta. Era o homem de novo.

"Você de novo?", perguntou o velho mestre.

"Por favor, me ajude! Desde que o senhor pediu para eu não pensar em macacos, não consegui fazer outra coisa a não ser pensar em macacos. Eu vejo macacos em todos os cantos!"

Um homem foi procurar um mestre Zen, pois se sentia muito perturbado. Já havia lido e ouvido falar sobre o Eu Superior e sobre a verdadeira essência transcendental e, por muitos anos, vinha tentando atingir essa essência sem ter sucesso.

"Por favor, mostre-me meu Eu verdadeiro", pediu o homem.

Mas o mestre ficou apenas olhando-o em silêncio, sem dar nenhuma resposta. O homem implorou sem que o mestre lhe desse atenção. Então começou a chorar e virou-se para ir embora. Nesse momento, o mestre chamou-o pelo nome, em voz alta.

"Eu?", perguntou o homem.

"Eis o seu verdadeiro Eu", disse o mestre.

m sábio meditava às margens de um rio quando um jovem o interrompeu.

"Mestre, eu quero ser seu discípulo", disse o jovem.

"Por quê?", perguntou o sábio.

O jovem pensou numa resposta bem profunda.

"Porque eu quero encontrar Deus", disse.

O sábio agarrou o rapaz pelos cabelos, arrastou-o até o rio e mergulhou sua cabeça na água. Manteve-o lá por quase um minuto, sem deixar que respirasse. O rapaz lutava desesperadamente para se libertar. Enfim, o mestre o puxou de volta e o arrastou até a margem. O jovem cuspia água e engasgava, tentando retomar a respiração. Quando se acalmou, olhou para o sábio como se perguntasse porque ele tinha feito aquilo.

"Agora me responda. Quando estava com a cabeça dentro d'água, o que você desejava mais do que tudo?", perguntou o sábio.

"Ar", respondeu o jovem.

"Muito bem, quando você desejar Deus tanto quanto você acabou de desejar o ar, pode voltar a me procurar."

m monge solicitou um encontro com seu mestre, pois tinha uma grande dúvida.

"Mestre, aprendi que confiar nas palavras é ilusório, que o verdadeiro sentido surge através do silêncio. Mas vejo que as preces são feitas de palavras e que o ensinamento é transmitido pela voz. Se o Zen está além das palavras, por que elas são usadas para defini-lo?", perguntou o monge.

"As palavras são como um dedo apontando para a lua. Aprende a olhar para a lua e não se preocupe com o dedo que a aponta", respondeu o mestre.

"Mas eu não poderia olhar a lua, sem precisar apontar para ela?", perguntou.

"Ninguém mais pode olhar a lua por ti. A lua estará sempre à vista. O Zen é eterno e completamente revelado. As palavras não podem revelar o que já está revelado desde o Primeiro Princípio", disse o mestre.

"Então, por que os homens precisam que lhes seja revelado o que já é de seu conhecimento?", perguntou o monge.

“Pelo simples costume de aceitar sua existência como fato consumado. Os homens não confiam na Verdade já revelada pelo fato de ela se manifestar em todas as coisas, sem distinção. Dessa forma, as palavras são um adorno para embelezar e atrair nossa atenção. E como qualquer adorno, pode ser valorizado mais do que o necessário”, disse o mestre.

Os dois ficaram em silêncio por algum tempo. De repente, o mestre apontou para a lua. E o discípulo se iluminou.

Quatro monges decidiram meditar em silêncio absoluto, sem falar por duas semanas. Na noite do primeiro dia, a vela que iluminava o quarto se apagou.

"A vela apagou", disse o primeiro monge.

"Não devíamos ficar em silêncio completo?", perguntou o segundo.

"Por que vocês dois quebraram o silêncio?", perguntou o terceiro.

"Ah! Eu fui o único que não falou", exclamou o último monge.

m iniciante no Zen foi até o mestre Bankei para fazer uma pergunta.

"Mestre, eu tenho um temperamento terrível. Às vezes, sou muito agitado e agressivo e acabo ofendendo as pessoas. Como posso curar isso?", perguntou.

"Tu possuis algo muito estranho. Deixa-me ver como é esse comportamento", disse o mestre.

"Bem, eu não posso mostrá-lo exatamente agora", respondeu o iniciante.

"Por quê?", perguntou Bankei.

"Não sei, é que isso sempre surge de forma inesperada", disse.

"Então essa coisa não faz parte da tua natureza verdadeira. Se assim fosse, tu poderias mostrá-la sempre que desejasses. Portanto, saibas que ela não existe", disse Bankei.

Um famoso mestre atravessou os portões do palácio do rei. Os guardas nem tentaram impedir sua passagem, tal era a decisão do mestre. Ele se dirigiu diretamente ao trono do rei.

“O que você deseja?”, perguntou o rei.

“Eu gostaria de um lugar para dormir aqui nesta hospedaria”, respondeu o mestre.

“Mas isso aqui não é uma hospedaria. Este é o meu palácio!”, exclamou o rei.

“A quem pertenceu este palácio antes de ti?”, perguntou o mestre.

“A meu pai. Mas ele já morreu”, disse o rei.

“E quem viveu aqui antes dele?”, perguntou o mestre.

“Meu avô, mas ele também está morto”, respondeu o rei intrigado com as perguntas do mestre.

“Para mim, um lugar onde as pessoas vivem por um curto espaço de tempo até partirem não pode ser outra coisa senão uma hospedaria”, concluiu o mestre e foi procurar um aposento para dormir.

Um monge perguntou a seu mestre:

"Quanto tempo vai levar para eu atingir a iluminação?"

O mestre deu uma resposta totalmente aleatória.

"Uns dez anos."

"Mas e se eu trabalhar duro? Se eu praticar dez horas por dia, estudar e decorar todos os sutras, em quanto tempo chegarei ao

objetivo?", perguntou o monge.

"Nesse caso, vai levar vinte anos", respondeu o mestre.

Na China medieval vivia um rei que foi coroado muito jovem. Por isso, ele se sentia na obrigação de estudar e aprender. Mandou reunir todos os sábios e eruditos de todas as províncias da China para que eles preparassem um livro sobre a história da humanidade.

Vinte anos se passaram no preparo da edição encomendada pelo rei. Os sábios e eruditos se dirigiram ao palácio carregando quinhentos volumes que continham toda a história da humanidade. Nessa época, o rei já passava dos quarenta anos.

"Já estou velho, não terei tempo de ler tudo isso antes da minha morte", disse o rei.

E mandou preparar uma edição resumida.

Os sábios e eruditos trabalharam por mais vinte anos no resumo da obra e voltaram ao palácio com apenas metade dos volumes.

Com quase sessenta anos, o rei já se sentia fraco.

"Será impossível ler todos esses livros. Minha vista não agüenta mais", disse o rei.

E ordenou que preparassem uma versão ainda mais sucinta.

Os sábios e eruditos se apressaram e, em apenas dez anos, voltaram ao palácio com cinqüenta volumes.

O rei já passava dos setenta anos e estava quase cego. Não podia mais ler. Então, solicitou uma edição ainda mais abreviada.

Os sábios e eruditos também tinham envelhecido. Trabalharam por mais cinco anos e, momentos antes da morte do rei, voltaram com apenas um volume contendo toda a história da humanidade.

"Vou morrer sem nada conhecer da história do Homem", disse o rei.

O mais velho entre os sábios e eruditos se aproximou do leito de morte do velho rei.

"Vou contar-lhe a história do Homem em três palavras. O homem nasce, sofre e, finalmente, morre", disse o mais velho dos sábios e eruditos.

Nesse instante, o rei morreu.

aso, quando ainda era jovem, praticava a meditação, de forma incansável, por vários dias seguidos. Certa ocasião, seu mestre chamou-o para uma conversa.

"Por que praticas tanto?", perguntou o mestre.

"Para me tornar um Buda", respondeu Baso.

O mestre apanhou uma telha e começou a esfregá-la com uma pedra. Baso ficou intrigado.

"O que fazes com essa telha?", perguntou.

"Estou tentando transformá-la num espelho", respondeu o mestre.

"Mas, por mais que a esfregue, ela nunca irá se transformar num espelho. Ela não pode deixar de ser telha", disse Baso.

"Posso dizer o mesmo de ti. Por mais que pratiques meditação não irás se tornar Buda", disse o mestre.

"Então, o que devo fazer?", perguntou decepcionado.

"É como fazer um boi andar."

"Não compreendo", disse Baso.

"Para fazer um carro de boi andar, bates no boi ou no carro?", perguntou o mestre.

Baso ficou sem resposta e o mestre concluiu:

"Buscar o estado de Buda praticando apenas a meditação é o mesmo que matar o Buda. Dessa maneira, não encontrarás o caminho."

erta vez, um monge procurou o mestre Joshu.

"Mestre, o que é o Zen?"

"Já terminaste a refeição?", perguntou o mestre.

"Sim, mestre, terminei."

"Então, agora, vá lavar as tigelas", concluiu Joshu.

Na China, existiu um mestre Zen chamado Dori. Ele era conhecido por meditar empoleirado em um pinheiro e, por isso, foi carinhosamente apelidado de mestre Ninho de Passarinho. Um poeta foi visitá-lo para ver como ele meditava.

"É melhor tomar cuidado, podes acabar caindo do pinheiro!", gritou o poeta.

"Ao contrário, tu é que corres perigo de um dia cair", respondeu Dori.

O poeta refletiu e pensou que o mestre se referia ao fato de os poetas viverem dominados por paixões e sonhos delirantes.

"Qual é a verdadeira essência do Budismo?", perguntou o poeta.

"Não fazer nada violento e praticar somente aquilo que é justo e equilibrado", respondeu Dori.

"Mas até uma criança de três anos sabe disso!", exclamou o poeta.

"Sim, mas é algo difícil de ser praticado até mesmo por um velho de oitenta anos", respondeu o mestre.

urante uma conversa, o Rei Milinda perguntou a Nagasena:

"Que é o samsara?"

"É muito simples: aqui nascemos e morremos. Depois nascemos de novo e, de novo, morremos. Isso é samsara", respondeu Nagasena.

"Poderias me explicar com mais clareza?", pediu o rei.

"É como o caroço de manga que plantamos para comer o fruto. Quando a árvore cresce e dá frutos, as pessoas os comem para, de novo, plantar os caroços. E dos caroços nasce uma nova mangueira, que vai dar novos frutos. Desse modo, a mangueira não tem fim. Da mesma forma, nascemos aqui e morremos ali. Samsara é a roda dos nascimentos que é movida pelo carma", disse Nagasena.

"O que é que renasce no outro mundo?", perguntou o rei.

"Depois da morte nascem o nome, o espírito e o corpo", disse Nagasena.

"É o mesmo nome, o mesmo espírito e o mesmo corpo que nascem depois da morte?", perguntou o rei.

"Não é o mesmo nome, o mesmo espírito e o mesmo corpo que nascem depois da morte. Esse nome, esse espírito e esse corpo criam a ação. Pela ação, ou carma, nascem outro nome, outro espírito e outro corpo", concluiu Nagasena.

"Ainda não compreendo. Poderias usar uma imagem para que eu possa visualizar?", perguntou o rei.

Nagasena levou o rei até um penhasco de onde se via o mar.

"Veja o mar. Uma onda nasce lá na arrebentação, cresce e vem morrer na beira da praia. Ela deixou de ser onda, mas nunca vai deixar de ser mar."

Certa vez, um homem encontrou o mestre Joshu limpando o pátio do mosteiro. Era a oportunidade de que ele precisava para falar sobre uma questão metafísica que o acompanhava há anos.

"Mestre, onde está o Caminho?"

Joshu não interrompeu suas tarefas e continuou varrendo o pátio.

"O caminho passa ali fora, depois da cerca", respondeu.

"Eu não me refiro a esse caminho", disse o homem.

Joshu parou de varrer.

"Então, de que caminho você está falando?", perguntou.

"Estou falando do Grande Caminho, mestre", disse o homem com ar de sabedoria.

"Mas claro, o grande caminho segue por ali e vai até a capital", respondeu Joshu e voltou a varrer o pátio do mosteiro.

Um monge fazia uma longa viagem até o norte da China. Muito cansado e com frio, ele encontrou um pequeno templo na entrada de uma aldeia. Já era tarde da noite e seria difícil conseguir abrigo. Então, ele resolveu pernoitar no templo.

O frio aumentou muito durante a madrugada e o monge apanhou uma das imagens de Buda que estava no templo e usou-a para fazer uma fogueira.

Na manhã seguinte, um outro monge chegou ao templo para fazer sua meditação e ficou impressionado com o que tinha visto.

"Como ousas queimar o Buda?!", gritou o monge.

O outro começou a mexer nas cinzas, como se estivesse procurando alguma coisa.

"Estou recolhendo as sariras* de Buda", respondeu.

**Sariras são depósitos minerais que sobram dos corpos cremados. Segundo a tradição budista, foram encontrados após a cremação do corpo de Sidarta Gautama e, por isso, são considerados sagrados.*

"Mas isto é um pedaço de madeira. Como podes encontrar sariras em um objeto de madeira?", perguntou o monge.

"Nesse caso, já que se trata apenas de uma imagem de madeira, posso queimar as duas outras imagens para me aquecer?", perguntou o outro.

Certo dia, três amigos passeavam em uma montanha e avistaram um homem sentado no cume. Curiosos sobre o que o homem estaria fazendo, foram até ele.

"Olá, está esperando um amigo?", perguntou o primeiro.

"Não", respondeu o homem.

"Então, está respirando o ar puro", disse o segundo.

"Não", disse o homem.

"Já sei. Você estava passando e resolveu olhar este belo cenário", disse o terceiro.

"Não", repetiu o homem.

"Mas então, o que você faz aqui?", perguntaram os três ao mesmo tempo.

"Apenas estou aqui", disse o homem.

Ao terminar o verão, Yang-Shan fez uma visita a Kuei-Shan.

"Não o vi por todo o verão, o que tens feito?", perguntou Kuei-Shan.

"Estive cultivando um pedaço de terra e terminei de plantar umas sementes", respondeu Yang-Shan.

"Então não desperdiçaste o verão", disse Kuei-Shan.

"E tu, como passaste o verão?", perguntou Yang-Shan.

"Uma refeição por dia e um bom sono à noite", respondeu o outro.

"Então, também não desperdiçaste o verão", concluiu Yang-Shan.

Hsiang-yen foi discípulo de Pai-chang, era uma pessoa muito inteligente e sempre acreditou que deveria estudar e absorver todo o conhecimento dos textos budistas para ser um entendedor do Zen.

Após a morte do mestre, ele dirigiu-se a Kuei-Shan, o mais antigo discípulo de Pai-chang, para que lhe orientasse.

"Soube que estiveste sob a orientação de meu antigo mestre e falaram-me de tua

notável inteligência. Tentar compreender o Zen através deste meio leva, em geral, a uma compreensão intelectual, que não tem utilidade alguma, mas que pode, indiretamente, levar o praticante a uma intuição do sentido do Zen. Por isso, eu lhe presenteio com o seguinte koan: *como tu eras antes de teus pais terem te concebido?*", perguntou Kuei-Shan.

Pasmo, Hsiang-yen ficou sem resposta. Pediu licença e foi para seu quarto procurar nos livros uma resposta para a estranha questão. Não encontrou e voltou ao mestre, pedindo-lhe o sentido daquele koan.

"Sinto muito, mas nada tenho a te dar. Tu sabes mais sobre o Zen do que eu. Tudo o que eu te disser faz parte de minhas descobertas pessoais e jamais poderia ser teu", disse Kuei-Shan.

Hsiang-yen ficou desapontado e resolveu partir do templo para buscar mais conhecimento e ler mais livros, pois achava que o seu conhecimento não era suficiente.

Após vários anos de estudo voltou a procurar Kuei-Shan, mas o mestre não o recebeu. Hsiang-yen ficou irritadíssimo. Naquele momento, tomou a decisão de destruir todos os seus livros e de desistir dos estudos. Abandonou o templo, construiu uma cabana e passou a viver uma vida simples nas montanhas.

Um belo dia, enquanto varria a casa, a vassoura bateu numa pedrinha. A pedrinha rolou e bateu num bambu. E no silêncio das montanhas o som do bambu ecoou.

Ao ouvir esse som, Hsiang-yen experimentou o satori*e, finalmente, compreendeu Kuei-Shan.

**Satori: estado búdico ou iluminação para o Zen-budismo japonês.*

Um monge perguntou a Hui-Neng, o Sexto Patriarca do Zen.

"Quem herdou o espírito do Quinto Patriarca?"

"Aquele que compreende o Zen", respondeu.

"Tu herdaste este espírito?", quis saber o monge.

"Não, eu não o herdei", disse o mestre.

"Por que não?", perguntou o monge.

"Porque não compreendo o Zen", respondeu Hui-Neng.

m jovem foi assistir a uma palestra de um mestre Zen. No meio, ele interrompeu o mestre.

"Qual o significado fundamental do Zen?", perguntou.

"Ao final da palestra eu lhe explicarei", disse o mestre.

O monge esperou o fim da palestra imaginando que algo muito importante lhe seria revelado. E, então, ficou a sós com o mestre.

"Então, pode me responder agora?", perguntou.

O mestre convidou-o a segui-lo e foram aos fundos do templo, onde havia um belo jardim de bambus.

"Aí está", disse o mestre.

"O quê?", perguntou o jovem.

"O significado fundamental do Zen", disse o mestre.

"Não estou vendo", disse o jovem.

"Este bambu é longo e aquele é curto", concluiu o mestre.

m jovem praticante de meditação procurou um mestre Zen, a quem ele considerava muito sábio.

"Que tipo de pessoa necessita de aperfeiçoamento pessoal?", perguntou o praticante.

"Pessoas como eu", respondeu o mestre.

O jovem ficou surpreso com a resposta.

"Um mestre como o senhor precisa de aperfeiçoamento?"

"O aperfeiçoamento nada mais é do que vestir-se e alimentar-se", disse o mestre.

"Mas todo mundo faz isso. Imaginava que o aperfeiçoamento fosse algo muito mais profundo para um mestre", disse o jovem.

"O que você acha que faço todos os dias? A cada dia faço com atenção de verdade os atos comuns do cotidiano. Nada é mais profundo do que isso", disse o mestre.

m discípulo e seu mestre:

"Mestre, uma árvore possui a natureza de Buda?"

"Sim", respondeu o mestre.

"E quando ela se tornará Buda?", perguntou o discípulo.

"Quando o céu cair", disse o mestre.

O discípulo, confuso, coçou a cabeça.

"E quando o céu cairá?", perguntou.

"Quando a árvore se tornar Buda."

Chovia muito. O mestre Jing-Qing estava sentado na varanda do mosteiro ao lado de um de seus discípulos. As gotas da chuva batiam suavemente no telhado e num vaso esquecido no pátio.

"Que som é aquele lá fora?", perguntou Jing-Qing.

"É a chuva", respondeu o discípulo.

"Ao buscar alguma coisa fora de si mesmo, você confunde os significados", disse o mestre.

"Então, como eu deveria me sentir em relação ao que percebo? Não é o barulho da chuva o que escuto?", perguntou o discípulo.

"Eu sou o barulho da chuva", disse o mestre.

m jovem monge aproximou-se de Joshu dizendo que se sentia muito orgulhoso por ter se desfeito de tudo o que possuía.

"Minhas mãos estão vazias e venho com o coração em paz", disse o monge.

"Então só falta se desfazer disso e chegarás ao Zen", disse o mestre.

"Disso o quê? Se não tenho mais nada, do que mais posso me desfazer?", perguntou o monge.

"Tudo bem, se você quer manter o nada que ainda carrega, fique com ele", disse o mestre.

m praticante foi até o seu mestre de meditação se sentindo angustiado.

"Minha prática de meditação não está dando certo. Muitas vezes me distraio, outras vezes sinto formigamento nas pernas e um sono terrível", explicou o praticante.

"Isso vai passar", disse o mestre tentando acalmá-lo.

Algum tempo depois, o praticante voltou a procurar o mestre.

"Minha prática de meditação está maravilhosa! Eu me sinto consciente, relaxado e em paz", disse.

"Isso também vai passar", disse o mestre tentando acalmá-lo.

 mestre Ma-ku certa vez chamou seu discípulo:

"Liang-Sui!"

"Sim", respondeu.

Ao ouvir a resposta, o mestre chamou de novo:

"Liang-Sui!"

"Pronto", disse o monge.

Pela terceira vez o mestre o chamou, no mesmo tom de voz:

"Liang-Sui!"

"Estou aqui, mestre", disse Liang-Sui.

"Seu tolo", disse o mestre.

Ao ouvir isso Liang-Sui obteve o Satori.

"Mestre, já não me engano mais. Passei a vida preso aos sutras e mantras sagrados, mas bastou nomear-me para que eu visse a luz.

Mais tarde, quando já era um mestre, Liang-Sui recebeu a visita de um grupo de monges.

“O que o senhor sabe sobre o Zen?”, perguntaram os monges.

“Tudo o que vocês sabem eu também sei. Mas o que sei nenhum de vocês sabe”, respondeu Liang-Sui.

Havia um general chinês conhecido por ser um grande líder, um homem de coragem e força. Nada era capaz de abalar a sua convicção. O homem não temia a morte.

Um dia ele recebeu em casa a visita de um mestre Zen para tomar um chá e conversar sobre artes marciais. O general serviu o mestre em uma bela xícara de porcelana, finamente decorada, uma verdadeira relíquia e herança de uma família nobre. Era uma peça de estimação pessoal.

No momento em que o general ia servir o chá, sua mão vacilou e a xícara iria se espatifar no chão. Muito ágil, o general lançou-se ao chão e, no último momento, conseguiu apanhá-la. Mas ele sentiu medo e terror pela primeira vez na vida.

Ainda tremendo e suando frio, o general olhou para o mestre que o observava.

"O senhor liderou homens nas mais terríveis guerras e passou por momentos assustadores na vida sem jamais vacilar. Como é possível se sentir transtornado por causa de um pequeno objeto de porcelana?", perguntou o mestre.

O general compreendeu a natureza de seu apego na vida. Então, largou a xícara ao chão, deixando que se quebrasse, e voltou-se para uma vida contemplativa, abandonando a violência e a paixão ignorantes.

Havia em uma aldeia uma velha mulher conhecida por todos como a "mulher chorosa". Esse apelido foi dado, pois todos os dias, com chuva ou com sol, ela estava sempre chorando.

A "mulher chorosa" costumava vender bolinhos de arroz na rua. Todos os dias um monge passava por ela a caminho da aldeia onde ia pedir esmolas. Um dia, ele resolveu parar para conversar.

"Todos os dias, faça sol ou faça chuva, vejo a senhora chorando. Por que isso acontece?", perguntou o monge.

Então, ela explicou que tinha dois filhos artesãos. Um confeccionava delicadas sandálias e o outro, guarda-chuvas.

"Quando faz sol, me sinto aflita porque ninguém vai comprar os guarda-chuvas de meu filho e sua família pode passar necessidades. E quando chove, penso no meu filho que faz sandálias e tenho pena porque ninguém vai comprá-las. E ele também poderá ter dificuldade para sustentar sua família", explicou a mulher chorosa.

O monge ficou pensando na história da mulher chorosa enquanto comia um bolinho de arroz. E achou graça.

"Mas a senhora deveria ver as coisas de outra forma. Quando o sol brilha, seu filho vai poder vender muitas sandálias, e isso é muito bom. Ele poderá guardar dinheiro para os dias de chuva. E, quando chover, seu filho que faz guarda-chuvas venderá muitos guarda-chuvas, e isso é também muito bom", disse o monge.

A velha olhou para o monge com um sorriso nos lábios. E, desde esse dia, passou sorrindo todos os dias da vida, chovendo ou fazendo sol. Depois de algum tempo, ninguém a chamava mais de a "mulher chorosa".

Quando ainda era jovem, antes de se tornar um mestre, o monge Ikkyu estava com seu irmão arrumando o quarto do monge superior do mosteiro. Um pequeno acidente aconteceu. O irmão de Ikkyu quebrou a tigela da cerimônia do chá, que era a favorita do superior.

Ambos ficaram assustados, pois o mestre adorava aquela tigela. Ele a tinha recebido de presente das mãos do próprio imperador.

Ikkyu disse ao irmão para não se preocupar porque ele saberia como abordar a questão com o mestre.

Os dois juntaram os cacos de cerâmica. Ikkyu escondeu-os no manto e saiu para o jardim do templo a fim de esperar pelo mestre. Quando este se aproximou, Ikkyu propôs-lhe um mondo*.

"Mestre, é dito que todos os seres e todas as coisas no universo estão fadados a morrer", disse Ikkyu.

**Mondo*: encontro informal entre mestre e discípulo com o objetivo de discutir conceitos e questões sobre o Zen.*

"É um conceito inegável. O próprio Buda assim afirmou: *todas as coisas têm de perecer*", disse o mestre.

"Sendo assim, devemos compreender a natureza da impermanência e superar o sofrimento ignorante pelas perdas relativas e inevitáveis, correto?", perguntou Ikkyu.

"Essa compreensão faz parte do caminho correto", disse o mestre.

Nesse momento, Ikkyu retirou os cacos do manto e os mostrou ao mestre.

"Mestre, sua querida xícara de chá morreu", disse Ikkyu antes de sair correndo pelo pátio do mosteiro.

Certa vez Tao-kwang, um intelectual budista e estudioso dos textos clássicos, procurou um mestre Zen.

"Para o Zen, como uma pessoa deve disciplinar-se para alcançar a Verdade?"

"Não há nenhuma mente a ser disciplinada, nem qualquer verdade a ser alcançada", respondeu o mestre.

"Se não existe nenhuma mente e nenhuma verdade, por que os monges se reúnem todos os dias para praticar?", perguntou o intelectual.

"Se não tenho língua, como posso aconselhá-lo? Além do mais, eu não possuo nem uma polegada de espaço, portanto onde posso me reunir com os monges?", perguntou o mestre.

O intelectual se sentiu ofendido.

"Como o senhor pode proferir tal mentira na minha cara?", perguntou.

"Se não tenho língua para aconselhar, como é possível pregar uma mentira?", perguntou o mestre.

Desesperado, o intelectual disse que não conseguia acompanhar o raciocínio do Zen.

"Nem eu", concluiu o mestre.

Joshu perguntou a um monge que havia acabado de chegar ao mosteiro:

"Já estiveste antes aqui?"

"Sim, senhor, estive no verão passado", respondeu o monge.

"Então entre e tome uma xícara de chá", disse o mestre.

Um outro dia apareceu um novo monge no mosteiro. Joshu lhe fez a mesma pergunta e o monge respondeu que nunca tinha estado no mosteiro antes.

"Então entre e tome uma xícara de chá", disse o mestre.

O monge, que era o secretário do templo e presenciava a chegada de todos ao mosteiro, ficou intrigado.

"Por que o senhor sempre diz a mesma coisa para todos, qualquer que seja a resposta do monge?", perguntou o secretário.

"Monge!", gritou o mestre.

O outro assustou-se.

"Sim, mestre! O que houve?", perguntou.

"Entre e tome uma xícara de chá."

rei, sabendo que um grande mestre Zen estava às portas de seu palácio, foi até ele para solucionar uma velha questão.

“Mestre, onde está o Eu?”, perguntou o rei.

O mestre pediu que os guardas trouxessem uma carroça.

“O que é isso?”, perguntou o mestre.

“Uma carroça”, respondeu o rei.

O mestre pediu que retirassem os cavalos que puxavam a carroça.

“Os cavalos são a carroça?”, perguntou.

“Não”, respondeu o rei.

Depois, o mestre pediu que as rodas fossem retiradas.

“As rodas são a carroça?”

“Não, mestre”, disse o rei.

O mestre pediu que retirassem os assentos.

“Os assentos são a carroça?”

“Não, eles não são a carroça”, disse o rei.

Por fim, o mestre apontou para o eixo da carroça.

"O eixo é a carroça?", perguntou.

"Não, mestre, os eixos não são a carroça", respondeu o rei.

"Assim como a carroça, o Eu não pode ser definido por suas partes. O Eu não se encontra em parte alguma. Ele não existe. E não existindo, ele existe", disse o mestre.

No palácio estavam o imperador, seus ministros e mandarins, todos aguardando solenemente a presença do mestre Hakuin no salão principal. Ele havia sido convidado para dar uma palestra sobre o Zen.

O mestre subiu ao palco e ficou, por alguns momentos, observando os presentes. Apanhou seu bastão de bambu, deu uma pancada com toda a força no chão e depois se retirou.

O imperador e os ministros se olharam, esperando que algo mais acontecesse.

"Vossa Majestade entendeu?", perguntou o mandarim.

"Não entendi coisa alguma", disse o imperador.

"O mestre já explicou tudo o que poderia explicar sobre o Zen", disse o mandarim.

ozan foi visitar Ummon. Este perguntou de onde Tozan vinha.

"Da aldeia Sato", respondeu Tozan.

"Em qual templo passaste antes?", perguntou Ummon.

"No templo de Hoji, ao sul", disse Tozan.

"Quando partiste de lá?"

"Em agosto", respondeu Tozan.

Ummon fez o gesto de levantar o bastão de bambu.

"Eu deveria te dar umas pauladas, mas estou com vontade de te perdoar", disse Ummon.

No dia seguinte Tozan procurou o mestre.

"Ontem o senhor me deu o perdão. Passei a noite pensando em que falta cometi para merecer os golpes que o senhor não me deu", disse Tozan.

"Suas respostas ontem foram sem espírito.

Tu tens simplesmente vagado de um mosteiro para o outro", disse Ummon.

Ao ouvir essas palavras, Tozan obteve o Satori.

eza a lenda que quando Buda atingiu a iluminação, um discípulo que estava com ele perguntou:

"Tu és Deus?"

"Não", respondeu Buda.

"Um santo?"

"Não", disse Buda.

"Então, quem és tu?", perguntou o discípulo.

"Eu sou Desperto", respondeu Buda.*

**Buda significa "aquele que despertou".*

ogen iria começar uma palestra antes do jantar quando percebeu que a cortina de bambu não tinha sido levantada após a meditação. Ele apenas apontou para ela, sem dizer uma única palavra.

Dois monges levantaram-se ao mesmo tempo para suspender a cortina e depois retornaram a seus lugares.

"Os gestos do primeiro monge são corretos, mas não os do segundo", disse Hogen

Um monge viajante buscava o caminho que o levaria até o templo do mestre Joshu. Perguntou a uma velha senhora se ela conhecia o caminho.

"Siga em frente. Não vire para leste nem para oeste", disse a velha.

O monge ficou muito impressionado com a resposta e comentou com Joshu quando chegou ao templo.

"Aquela velha senhora deve ser muito sábia. Quando perguntei como chegar até aqui, ela me deu essa resposta muito profunda."

Joshu disse que iria até lá para testar a velha. Quando a encontrou, fez a mesma pergunta do monge:

"Estou procurando pelo templo de Joshu."

"Siga em frente. Não vire para leste nem para oeste", disse a velha.

Joshu voltou até o templo e contou ao monge sobre a conversa com a velha. O monge ficou decepcionado.

"Ela apenas não percebe uma coisa: Joshu está aqui todo o tempo", disse o mestre.

Um filósofo perguntou a Buda:

"Sem palavras, como é possível revelar a Verdade?"

O Buda permaneceu em silêncio.

O filósofo compreendeu e agradeceu profundamente.

"Graças a vossa amável generosidade, eu penetrei no verdadeiro caminho", disse o filósofo.

Depois que o filósofo partiu, Ananda, discípulo de Buda, perguntou como o filósofo tinha conseguido alcançar a iluminação.

"Um bom cavalo corre apenas à visão da sombra do chicote", disse Buda.

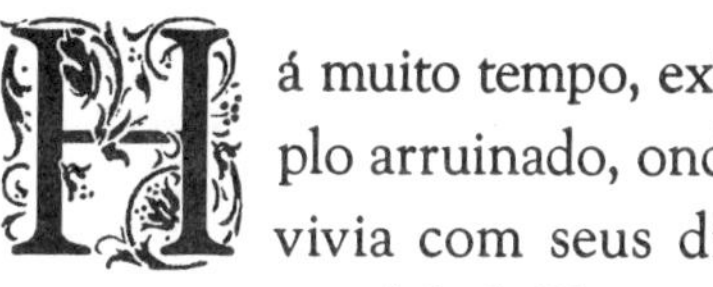

á muito tempo, existiu um templo arruinado, onde um mestre vivia com seus discípulos em situação muito difícil. Eles passavam necessidades e não tinham mais como sobreviver, a não ser com as esmolas e os parcos donativos conseguidos na aldeia mais próxima. Muitos discípulos começaram a reclamar das péssimas condições em que viviam.

O mestre reuniu a todos para fazer uma proposta. Explicou que era necessário reformar o templo para que tivessem melhores condições de habitação. Porém, como viviam em função da meditação e dos estudos, não sobrava tempo para trabalhar e arrecadar dinheiro, mas disse que tinha uma solução muito simples.

"Vocês devem ir até a cidade e roubar todos os bens que conseguirem carregar para que possam ser vendidos e convertidos em dinheiro. Essa é a única maneira de reformarmos nosso templo sagrado", disse o mestre.

Os estudantes ficaram surpresos com a proposta do mestre. Mas, como confiavam cegamente nele, não fizeram nenhum protesto. O mestre ainda fez uma ressalva.

"Já que vocês estarão cometendo um ato imoral e ilegal, para não manchar a nossa reputação, solicito que roubem somente quando ninguém estiver olhando. Nenhum de vocês deve ser apanhado", disse o mestre.

O mestre se retirou e os monges começaram a discutir entre si. Uns diziam que era errado roubar e se questionavam sobre o porquê de o mestre ter feito uma proposta tão absurda. Outros responderam que seria por uma boa causa, já que não tinham outros meios de reformar o templo sagrado. No fim, todos concordaram que o mestre era um homem muito sábio e que deveria estar consciente da sua proposta. Um mestre como ele não pediria aos monges para realizar tal ação se não estivesse certo de que essa ação era correta.

Na manhã seguinte, os monges se reuniram bem cedo e partiram em direção à cidade. Relembraram todo o plano e a ressalva do mestre para que não fossem apanhados. Não queriam sujar a reputação do templo e, para isso, deveriam ser muito cuidadosos.

Todos os monges partiram, menos um. O mestre que estava observando os passos de seus discípulos se aproximou do monge que estava meditando no salão principal do templo.

"Por que você não foi com os outros?", perguntou o mestre.

"Eu não pude seguir suas instruções. Eu não sou capaz de roubar. E mesmo que ninguém me veja, aonde quer que eu vá, eu sempre estarei olhando para mim mesmo. Meus olhos irão me ver roubando", disse o monge chorando.

O mestre abraçou o jovem com emoção.

"Eu estava apenas testando a integridade dos meus discípulos e você foi o único que passou no teste", disse o mestre.

Muitos anos mais tarde o jovem monge se tornaria o famoso mestre Nagasena.

Em alguns templos japoneses da escola Rinsai, existia uma antiga tradição.

Se um monge viajante conseguisse vencer um dos monges residentes num debate sobre Budismo, ele poderia pernoitar no templo. Caso contrário, teria de ir embora.

Existia um templo assim, que era dirigido por dois irmãos. O mais velho era um homem muito culto, e o mais novo, ao contrário, era um tolo e tinha apenas um olho.

Aconteceu de uma noite, um monge viajante bater à porta do mosteiro pedindo alojamento. O irmão mais velho estava muito cansado, pois havia passado todo o dia estudando para escrever um livro sobre os koans. Ele pediu que o irmão mais novo fosse debater com o monge. Mas, para não ter muitos problemas, solicitou que o diálogo fosse em silêncio.

Algum tempo depois, o monge viajante foi procurar o irmão mais velho para se despedir.

"Seu irmão venceu brilhantemente o debate. Por isso devo ir embora", disse o monge.

"Antes de partir, você se importaria de me contar como foi o diálogo?", perguntou o irmão mais velho.

"Para começar ergui um dedo, simbolizando Buda. Seu irmão levantou dois dedos simbolizando Buda e seus ensinamentos. Então, ergui três dedos para representar Buda, seus ensinamentos e seus discípulos. E aí, seu inteligente irmão sacudiu o punho cerrado no ar para me mostrar que todos os três vêm do vazio", explicou o monge viajante.

O irmão mais velho ficou surpreso e, ao mesmo tempo, intrigado com o diálogo. Despediu-se do viajante e ele partiu. Pouco depois, o irmão mais novo apareceu com uma expressão de aborrecimento.

"Soube que você venceu, brilhantemente, o debate", disse o mais velho.

"Que nada, esse viajante era um homem muito estúpido", disse o mais novo.

"Então, conte-me qual foi o tema do debate", pediu o mais velho.

O irmão mais novo começou a contar:

"Assim que me viu, o infeliz levantou um dedo, insultando-me, insinuando que eu sou um caolho. Mas, por ele ser um estranho, achei que deveria ser educado. Então, mostrei-lhe dois dedos, congratulando-o por ter dois olhos. Aí, o miserável me mostrou três dedos para me dizer que nós dois juntos temos três olhos. Fiquei louco de raiva e ameacei lhe dar um soco na cara. E o homem foi embora com o rabo entre as pernas", explicou o mais novo.

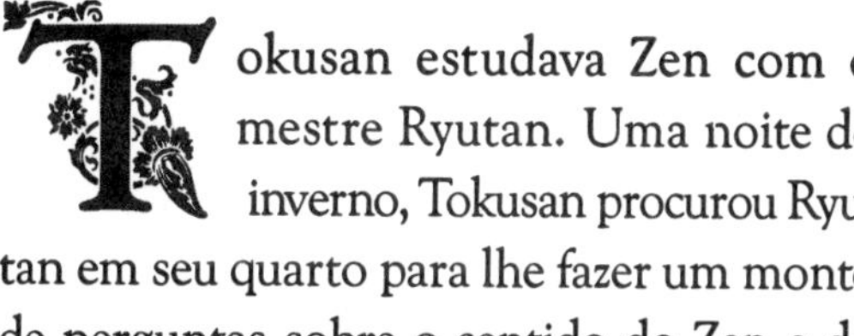

Tokusan estudava Zen com o mestre Ryutan. Uma noite de inverno, Tokusan procurou Ryutan em seu quarto para lhe fazer um monte de perguntas sobre o sentido do Zen e da meditação.

Ryutan ouviu e respondeu pacientemente todas as perguntas do jovem estudante, até que o mestre mandou o discípulo embora, dizendo que já era muito tarde.

"Já é tarde da noite, por que você não se retira?", perguntou Ryutan educadamente.

Tokusan fez a reverência e, ao abrir a porta, percebeu que já era alta noite e estava muito escuro lá fora. Ryutan entregou uma vela para que o estudante pudesse encontrar o caminho de volta para o dormitório dos monges.

Assim que recebeu a vela das mãos do mestre, Ryutan assoprou-a, deixando os dois na mais perfeita escuridão.

Nesse exato momento, Tokusan atingiu a iluminação.

O mestre Seitsu necessitava de acomodações maiores, pois já não havia mais espaço para todos os monges no mosteiro.

Sensibilizado, um comerciante da região decidiu doar quinhentas moedas de ouro para a construção de um novo dormitório para os monges. Ele foi pessoalmente levar o dinheiro para o mestre.

"Eu aceito", foi tudo o que o mestre disse.

O comerciante entregou-lhe o saco com as moedas de ouro, mas ficou um pouco aborrecido com a atitude do mestre. Ele havia doado uma quantia muito alta, uma pessoa poderia viver o ano inteiro com apenas metade das moedas de ouro, e o mestre nem sequer agradecera.

"Neste saco tem quinhentas moedas de ouro", insinuou o comerciante.

Seitsu disse que já sabia disso, que o comerciante já havia informado a quantia.

"Mas até mesmo para mim, que sou um homem rico, quinhentas moedas de ouro valem muito", disse o comerciante.

"Você quer que eu lhe agradeça por isso?", perguntou o mestre.

"Deveria", respondeu o comerciante.

"Por que deveria? Quem dá é que deve ficar grato", disse o mestre.

O velho e teimoso monge Ting já se encontrava ansioso por não alcançar a iluminação depois de tantos anos no mosteiro. Ele foi procurar seu mestre Lin-chi.

"Mestre, por favor, diga-me qual é o grande significado dos ensinamentos de Buda?", perguntou Ting.

Lin-chi saiu de sua cadeira e deu um tapa no rosto do velho monge. Não disse uma única palavra e depois se retirou, deixando Ting atordoado. Um monge mais jovem que passava e presenciou a cena gritou para ele:

"Ting, porque você não fez a reverência?!"

Nesse exato momento, o velho Ting alcançou a iluminação.

yakujo reuniu todos os seus monges, pois queria escolher um deles para abrir um novo mosteiro e ser o seguidor de seus ensinamentos. Ele apanhou um belo jarro de porcelana, encheu-o de água e o colocou no chão, bem à frente de todos.

"Algum de vocês pode dizer o que é isto sem mencionar o nome?", perguntou.

Por alguns minutos os monges ficaram em silêncio, até que começaram a proferir as respostas mais absurdas possíveis.

"Ninguém pode chamá-lo de sapato de madeira", disse o primeiro, um monge mais velho que acreditava ser o sucessor natural do mestre.

"Não é um lago, pois pode ser carregado", disse outro.

E muitas outras respostas foram dadas, até que o monge cozinheiro, que passava por ali, aproximou-se do jarro e deu-lhe uma paulada com a vassoura. O ruído provocou um susto em todos e os cacos e a água se esparramaram pelo pátio do mosteiro.

O monge cozinheiro se retirou sem dizer nada.

Hyakujo sorriu satisfeito.

"O monge cozinheiro vai ser o mestre do novo mosteiro", concluiu.

A dedicação de um dos discípulos de Kochi chamava a atenção de seus amigos monges, mas de maneira nenhuma impressionava o mestre. O jovem sentava-se com seriedade em zazen durante todo o dia e se concentrava com muita profundidade na meditação. Também realizava com o maior empenho qualquer tarefa que lhe fosse encomendada. Os outros discípulos comentavam entre si que, se algum deles merecia alcançar o satori, não poderia ser outro além daquele jovem aplicado.

Mas o mestre não compartilhava da mesma opinião e mandou chamar o jovem discípulo.

"Por que se aplica tanto?", perguntou o mestre.

"Para alcançar o satori. Estou aqui para isso", respondeu o monge.

"Entendo", disse o mestre.

Kochi continuou suas tarefas, e o discípulo, as suas. O jovem aplicado sentava-se ereto, cruzava as mãos e fechava os olhos com firmeza. Respirava com profundidade e não se permitia uma só cabeçada. Durante a meditação, muitos praticantes sentem sonolência e acabam cochilando. Mas ele, não. Ele nunca tinha se permitido uma cabeçada. Os companheiros esperavam vê-lo chegar ao satori a qualquer momento. Mas mesmo com todo seu empenho e concentração, esse momento não chegava. Finalmente, ele foi procurar o mestre.

"Mesmo que eu medite durante muitas horas e com a maior concentração, nada acontece", disse o monge.

"Eu percebo", disse o mestre.

"O que devo fazer?"

"Deve voltar para sua casa, pois está perdendo seu tempo aqui", disse o mestre.

O discípulo ficou atordoado e tentou discutir com o mestre que permanecia sentado em silêncio. Até que o jovem se levantou para abandonar o quarto e o mestre pediu para que ele se sentasse novamente.

"O satori não é uma meta a ser alcançada. O Zen é satisfatório sem o satori, porque é um meio que não necessita de um fim.

Acontece o mesmo com a vida. Simplesmente vivemos. Devemos meditar dessa mesma forma. A meditação é um objetivo em si mesma, não é um processo que conduz a algo mais. E você perde seu tempo ao não se dar conta disso, só pensa no futuro e descuida do presente. Pior ainda, utiliza o presente para perseguir algo que leu nos livros e ouviu falar. Você pensa no satori como um prêmio a ser obtido. Se você não estivesse tão cego, teria compreendido por conta própria. E ainda agora, enquanto falo, está esperando que surja algum tipo de compreensão dessas palavras sem valor. Volte para casa e viva a vida. Era isso que queria lhe dizer."

O discípulo se retirou, mas não foi embora. Sentou-se em silêncio junto com os outros. Foi visto algumas vezes meditando no jardim. Na verdade, não se sabe se ele alcançou ou não o satori. De qualquer forma, isso não importa para esta história.

Bibliografia

BARROSO, Ernani. *Zen: Vendo na natureza do eu*. Edição do autor, 1977.

DESHIMARU, T. *La práctica del Zen*. Espanha: RBA Coleccionables, 2002.

HERRIGEL, Eugen. *Arte cavalheiresca do arqueiro zen*. São Paulo: Pensamento, 1995.

HUMPHREYS, Christmas. *La sabiduria del budismo*. Argentina: Editorial Kier, 1973.

KAPLEAU, Philip. *The Tree Pillars of Zen*. Nova York: Harper & Row, s.d.

Os melhores contos zen. Tradução de Miranda das Neves. Portugal: Editorial Teorema, 2002.

RAJNEESH, Shree Bhagwan. *Nem água, nem lua*. São Paulo: Cultrix, 1994.

____ *Raízes e asas*. São Paulo: Cultrix/Pensamento, 1992.

ROMÁN, Rodolfo. *Zen: Selección de textos clásicos que invitan al despertar de la consciência y a la meditación*. Espanha: Ediciones Integral, 1997.

SUZUKI, D. T. *Introdução ao zen-budismo*. Rio de Janeiro: Civilização Brasileira, 1961.

SUZUKI, S. *Mente zen, mente de principiante*. Rio de Janeiro: Palas Atena, 1996.

Tannishô: O tratado de lamentações das heresias. Tradução, notas e estudo introdutório Prof. Dr. Ricardo Mario "Riokan" Gonçalvez (USP). São Paulo: Templo Budista Higashi-Honganji, 1974.

O autor

Bruno Pacheco é carioca, jornalista com passagens pelas revistas *Manchete*, *Desfile* e *Pais & Filhos*. Atualmente trabalha como editor e roteirista de televisão e vídeo. Pratica meditação há dez anos com base no zazen e na filosofia zen-budista. Tem se dedicado à pesquisa sobre o Budismo e o Zen nos últimos cinco anos.

Este livro foi composto na tipologia Goudy Old Style, em corpo 12/15,5, e impresso em papel Chamois Bulk Dunas 90g/m² no Sistema Cameron da Divisão Gráfica da Distribuidora Record.